BIOGRAPHIE

DES

SOUVERAINS RÉGNANTS DE L'EUROPE,

AU XIXe SIÈCLE,

PUBLIÉE ET RÉDIGÉE

PAR LE DOCTEUR GUÉRIN L.,

RÉDACTEUR DE LA BIOGRAPHIE DES SOUVERAINS DE L'EUROPE DEPUIS FRANÇOIS Ier.

A PARIS.

CHEZ L'AUTEUR, 342, RUE SAINT-HONORÉ.

1845

1844

PARIS. — IMPRIMERIE DE Ve DONDEY-DUPRÉ,
46, rue Saint-Louis, au Marais

UN MOT DE PRÉFACE.

Qu'on ne se méprenne pas sur le sens de cette Biographie: l'auteur songeait à l'écrire depuis quelques années, parce qu'elle rentre dans le cadre des travaux qu'il s'est tracés. Il a laissé se succéder et se grouper les événemens, pour mieux apprécier l'homme, le Prince et le Roi dont il voulait esquisser la vie politique et morale. Il livre aujourd'hui cette rapide étude au public; elle ne manquera pas d'à-propos; il le croit, car la Dynastie de juillet est fondée, et le trône du Roi des Français n'a plus d'ennemis sérieux. L'auteur de cette brochure, tableau séparé d'une galerie qui se complétera plus tard, se présente devant le public en toute sûreté et avec une franchise désintéressée que personne ne contestera. Il n'est pas un homme politique et n'aspire point à le devenir. Sa position lui donne une indépendance parfaite. Il aurait le droit de parler de ses ancêtres, de ses titres, de dire qu'il a servi son pays avec distinction, et que, dans des circonstances décisives, son dévouement a été mis à l'épreuve et publiquement récompensé. A quoi bon? Il ne peut constater ici que la loyauté de ses intentions et la conscience du point de vue qu'il a accepté. Pour lui, la vérité est tout, la faveur ou la louange n'est rien, parce qu'il ne veut pas de la première, et croit peu à la sincérité de la seconde.

Le Comdeur Comte **GUÉRIN L. DE TENCIN.**

Paris, ce 1er décembre 1844.

Imprimé par Chardon aîné et Aze. — *procédé de A. Coll…*

BIOGRAPHIE

DE

LOUIS-PHILIPPE D'ORLÉANS,

ROI DES FRANÇAIS.

I

Nous vivons dans un [illegible] [illegible] terre de liberté [illegible] [illegible] en cire, ainsi après des [illegible] de plus de cinquante années qui ont laissé tant d'intérêt, [illegible] des convulsions, [illegible] ont si espérances légitimes ou perverses, les [illegible] de 1830 qu'ils aient [illegible] un lien [illegible] ou le hideux [illegible] de [illegible] soient les apôtres d'un socialiste creux et inapplicable, ou les fervents adeptes d'un communisme généreux peut-être, mais impossible, tous ces [illegible], avec une puissance plus ou moins étendue, mais jusqu'ici frappée de stérilité, se remuent, s'agitent convulsivement, [illegible] de la presse libre maintiennent leurs programmes insensés, répandent [illegible], et faussent l'esprit public. A force de [illegible] la liberté [illegible], ce résultat reconnu de [illegible] qui ne connaît [illegible] sabre et [illegible] [illegible] sous la [illegible] [illegible] près, est [illegible] sous prétexte de détruire [illegible] le plus juste et le plus rationnel, chaque jour [illegible] au maintien de l'ordre et de la hiérarchie sociale.

La presse [illegible], [illegible] sa polémique furieuse, rend de plus de

BIOGRAPHIE

DE

LOUIS-PHILIPPE D'ORLÉANS,

ROI DES FRANÇAIS.

I

Nous vivons dans un siècle où les passions politiques déchaînées empêchent la vérité entière de luire aux regards et d'éclairer les esprits. Il devait logiquement en être ainsi après des bouleversemens successifs de plus de cinquante années, qui ont froissé tant d'intérêts, violenté tant de convictions, détruit tant d'espérances légitimes ou perverses. Les vaincus de 1830, qu'ils aient inscrit sur leur drapeau *Henri V* ou le hideux millésime de 93, qu'ils soient les apôtres d'un socialisme creux et inapplicable, ou les fiévreux adeptes d'un communisme généreux peut-être, mais impossible, tous ces vaincus, avec une puissance plus ou moins étendue, mais jusqu'ici frappée de stérilité, se remuent, s'agitent convulsivement, et par la voie de la presse libre multiplient leurs programmes insensés, répandent de toutes parts leurs doctrines anarchiques, et faussent l'esprit public. A force de mauvaise foi et de colères systématiques, la liberté d'écrire, ce résultat fécond de nos deux grandes révolutions, a tout à coup dégénéré en licence qui ne connaît plus de bornes, malgré les répressions légales : le livre est devenu satire et pamphlet, sous la plume acérée des partis : le journalisme, à quelques rares exceptions près, est une sorte de camp retranché qui fait feu de toutes pièces, et sous prétexte de détruire les abus inséparables d'un pouvoir nouveau, même le plus juste et le plus rationnel, chaque jour mine dans leur base les idées nécessaires au maintien de l'ordre et de la hiérarchie sociale.

La presse opposante, avec ses haines et sa polémique furieuse, rend de plus en plus en France tout gouvernement irréalisable, même celui qui s'appuie sur l'élection nationale, sur le vote de citoyens qui sont, par leur fortune et leurs lumières, les chefs naturels du pays légal.

Le journalisme, avec sa direction funeste, accumule autour de lui des ruines, en trompant la crédulité populaire, en semant partout la défiance et la division ; et s'il ne change de route, il prépare à l'avenir d'épouvantables tempêtes, qui ébranleront et décimeront peut-être, au profit d'un despotisme brutal jusqu'ici inconnu, toutes les classes de la société.

Les honnêtes gens, les esprits calmes et qui réfléchissent, sont effrayés des symptômes de désordre et de décomposition qui se manifestent au milieu d'eux, et tous n'hésitent pas à déclarer que la presse, dont les forces sont immenses, plutôt en raison de sa propagande matérielle que par les vrais talens qu'elle renferme, pousse à ce désordre, à cette décomposition croissante. Avec la tactique aussi habile qu'insidieuse qu'elle emploie, elle sait, en évitant les lois répressives, créées contre son audace, saper toute autorité, démolir toute influence politique méritée, dénaturer tout acte, bon en lui-même, que ses intérêts l'empêchent d'avouer, poursuivre un homme de l'administration supérieure, un député, un pair de France, un ministre d'Etat, à l'aide d'un vocabulaire d'injures et d'affronts tellement grossiers et intolérables, que quelqu'un qui se respecte n'agirait pas ainsi à l'égard d'un voleur, d'un filou émérite, d'un échappé du bagne de Brest ou de Toulon !

Ah ! il faut qu'ils soient bien inébranlablement dévoués à la France qu'ils gouvernent, il faut qu'ils aient bien sondé la profondeur de l'abîme où une poignée de furieux aveugles veut précipiter le pays, il leur faut un courage bien noble et bien haut, à quelques-uns de ces hommes d'état honorables, pour demeurer ainsi sur la brèche et faire un rempart de leur corps aux grands principes d'ordre sur lesquels reposent aujourd'hui la paix européenne et la prospérité de la France ! Leur lutte athlétique ne saurait être appréciée par les partis modernes, mais l'histoire impartiale leur en tiendra compte !

Dans cette furibonde mêlée de la presse contre le gouvernement, si toutes les doctrines d'ordre et de stabilité sont attaquées à outrance dans la personne des chefs élus par le roi, si, aux termes légaux, le monarque est irresponsable des actes de ses ministres, si son nom auguste doit rester en dehors des débats et des faits politiques, le venin distillé par les rancunes et les odieuses imputations de la presse opposante ne remonte-t-il pas incessamment du ministère jusqu'aux degrés du trône, et la royauté ne se trouve-t-elle pas de la sorte à découvert, perfidement mise en échec, dégradée et avilie dans l'esprit des masses? La presse ultrà-révolutionnaire, qui, Dieu merci, depuis quatorze ans n'a pas produit un seul talent tout à fait éminent, ne devient-elle pas, par là même, le bourreau quotidien de la royauté, et ne prépare-t-elle pas, au moins moralement, les balles, n'aiguise-t-elle pas les poignards de cette bande infâme de régicides qu'aucun parti n'admet ni ne peut admettre dans son sein après la perpétration de l'attentat? De quel antre sauvage sont sortis les Fieschi, les Alibaud, les Meunier, les Quénisset? à quelles opinions politiques croyaient-ils appartenir? quels journaux lisaient-ils? quels ont été leur entourage et leurs révélations? L'opposition ultrà-républicaine et la France ne l'ignorent pas!

Il y a aujourd'hui contre la royauté nationale de Louis-Philippe une ligue formidable de passions mauvaises et inassouvies : les hommes de la droite et de la gauche extrême s'entendent, d'après je ne sais quel pacte ambitieux et tacite, pour renverser le trône de **1830**, quittes, la démolition une fois faite, à briser le masque qui les cache, et à s'avancer les uns contre les autres en champ-clos, afin d'arriver à leur tour au pouvoir sur des décombres fumans.

Voilà ce qu'ils veulent : tel est le sens de cette fusion monstrueuse de quelques Voltairiens du dernier siècle, de quelques vieux adeptes de 89, avec des défenseurs avérés d'un certain catholicisme rétrograde et des principes du droit divin.

Pour ces révolutionnaires arriérés et ces prétendus apôtres d'une liberté qu'ils n'accepteront jamais, car elle détruit le monopole du pouvoir qu'ils rêvent, il s'agit de frapper un grand coup, un coup décisif, il s'agit de jeter à terre la dynastie régnante, qui a dans le pays de si profondes racines; et pour atteindre leur but, ils s'attaquent à son fondateur suprême, ils le discréditent et le calomnient par tous les moyens que la presse laisse à leur disposition : ils en font un homme de vues étroites et égoïstes, qui cherche à implanter sa dynastie en France au détriment de la Charte constitutionnelle qu'il a jurée; qui travaille à la réaction, à la contre-révolution, par la voie brutale des baïonnettes et par le despotisme du bon plaisir : ils le peignent, autant qu'ils le peuvent, en conspirateur des quinze fatales années de la restauration, lorsque les actes du duc d'Orléans, depuis 1789 jusqu'à ce jour, à Paris comme dans ses divers exils, le montrent partout, prince et roi supérieur, intelligent protecteur et propagateur des idées nationales, avant et par-dessus tout ami sincère et défenseur des institutions libérales de la France; dans sa vie privée, honnête homme qui n'a jamais dévié de la ligne inflexible du devoir; tendre envers les siens, bienfaisant envers tous; recherché et estimé en raison de son savoir hors ligne, de ses vertus domestiques, de la part des princes et des grands d'Europe et d'Amérique. La foule liguée de ses ennemis politiques s'acharne sur lui, en essayant, par la presse, cette arme homicide quand elle est dans des mains perfides, de changer la bonne volonté du Roi en trahison, son système, pacificateur de l'Europe, en lâcheté, son incontestable supériorité en faiblesse, son courage, sa grande fermeté d'âme, en hypocrisie. Il n'est pas jusqu'à sa stricte économie, cette belle vertu de l'ordre, que tout chef d'une grande famille doit posséder, qu'on n'ait taxée à satiété de lésine et d'avarice ignoble.

Ces outrageantes accusations de la presse qui, par malheur, tombent au milieu d'un public encore trop ignorant et trop crédule, doivent être réduites tôt ou tard à leur juste valeur, et déjà la masse de lecteurs des journaux opposans commence à se méfier de tant d'incriminations dont la preuve n'est jamais fournie et ne saurait l'être. Déjà le bon sens de tous a été mis en éveil à l'endroit de ce journalisme vénal, véritable exploitation commerciale, qui chante l'apothéose de n'importe qui, ou le jette aux Gémonies, selon son intérêt du moment et le gain qu'il doit en retirer.

En de pareilles conjonctures, lorsque la patrie est menacée dans celui qui la représente si dignement, et que les autres nations les plus civilisées nous envient, quel rôle doivent jouer des hommes que l'impartialité et l'esprit de justice animent, des citoyens qui aiment leur pays, et qui désirent l'arracher au ravage de fléaux qui, de nouveau, malgré de tristes expériences, peuvent fondre sur lui et le bouleverser de fond en comble?

Ils doivent dire à tous et à chacun la vérité qu'ils savent et qu'ils ont étudiée dans les faits inexorables de l'histoire; la leur présenter avec une franchise nue, dépouillée de tout artifice et avec un désintéressement parfait.

C'est ce que nous allons entreprendre. Ce devoir est pour nous un service rendu à la société, travaillée en tout sens par l'action délétère des partis politiques.

Nous allons esquisser la biographie de Louis-Philippe d'Orléans, sommairement, dans ses faits culminans, en tâchant de dégager, autant qu'il sera en nous, à travers les événemens, la pensée unique et constante de ce grand roi des temps modernes, si atrocement et impunément calomnié par quelques contemporains prévenus ou iniques.

Nous diviserons ce travail en trois parties distinctes, et qui cependant se confondront dans une unité commune. Nous examinerons d'abord *le Prince*, le duc de Valois, de Chartres et d'Orléans, à Paris et dans son exil multiple; puis le *Roi des Français*, ensuite l'*homme privé*.

Nous ne voulons point faire ici une biographie purement matérielle, accidentée des détails minimes, sans portée, et par là même fastidieux, que renferment ces sortes de matières. Nous n'appuierons que sur des documens importans qui, dans des occasions majeures, révèlent les tendances, les aptitudes et le caractère tranché du Prince, du Monarque et de l'homme de la vie ordinaire.

II

LE PRINCE.

Louis-Philippe Ier, aujourd'hui roi des Français, est né à Paris, le 6 octobre 1773, de Louis-Philippe-Joseph d'Orléans et de Louise-Marie-Adélaïde de Bourbon-Penthièvre. Quand il vint au monde, son grand-père, le duc d'Orléans, que le peuple avait par affection surnommé *le roi de Paris*, était encore vivant. Le roi actuel, dont le père s'appelait alors duc de Chartres, porta d'abord le titre de duc de Valois. Ce jeune prince avait deux frères, dont il était l'aîné, le duc de Montpensier et le comte de Beaujolais, morts jeunes, et une sœur, mademoiselle Adélaïde d'Orléans, qui survit encore, et pour laquelle Louis-Philippe, dans les phases si variées de son existence de prince et de roi, a toujours eu une amitié inaltérable. Le duc de Valois avait été doué par la nature d'une très-riche organisation, que la science et les malheurs de sa vie errante et tourmentée devaient plus tard développer et perfectionner.

D'une âme sensible et attachante envers les membres de sa famille, le duc de Valois montra tout d'abord un esprit d'ordre, une droiture de jugement, un attrait décidé pour l'étude, surtout un amour ardent et raisonné de la France, au milieu des crises violentes d'alors, et ces qualités naissantes déjà pronostiquaient, sinon son élévation future aux suprêmes grandeurs, du moins les larges destinées du prince dont une instruction substantielle et une excellente éducation élèvent les facultés, tout en formant et en mûrissant l'homme et le grand citoyen.

Louis-Philippe eut plusieurs professeurs : le chevalier de Bernard, gentilhomme frivole; M. de Bonnard, qui ne fit que passer, et Madame de Genlis.

Il est certain que le père du duc de Valois, qui devint vite duc de Chartres, rendit à son fils un immense service par le choix judicieux de Madame de Genlis. L'institutrice dressa pour son noble élève un plan d'éducation à la fois littéraire, scientifique, religieux et moral. Elle lui apprit ce dont il s'est toujours souvenu depuis, à une époque où l'on vantait aux princes les prérogatives de leur rang, où on leur enseignait l'abjection de l'humanité qui rampait sous eux, à oublier le hasard d'une naissance illustre, afin de conquérir plus sûrement le beau titre d'homme. Quoiqu'elle n'aimât pas les chefs révolutionnaires, elle lui fit adopter avec enthousiasme certaines idées de liberté sociale : alors ces idées se respiraient dans l'air et étaient contagieuses; et puis, n'est-ce pas une chose inouie, vraiment louable et qui accuse la toute-puissance du progrès, que cette éducation libérale d'un jeune prince, pour la première fois opposée aux traditions inexorables d'une cour de toutes parts croulant de vétusté?

Cette première direction des sentimens et des principes politiques du jeune Louis-Philippe a exercé l'influence la plus puissante sur le reste de sa vie; et il a voulu, plus tard, malgré le prestige qui entoure la royauté, que ses fils reçussent, comme lui, dans des conditions plus larges, les bienfaits de l'éducation publique; et nous savons maintenant quelle a été la douce récompense de la sagesse du père et du roi constitutionnel!

Madame de Genlis fit apprendre à son élève les langues anciennes et vivantes; on avait placé auprès de lui un valet de chambre allemand, un laquais italien et un professeur d'anglais, qui étaient obligés de converser avec le prince dans leur idiome natal. C'est à cette connaissance approfondie des langues, non-seulement parlées dès l'enfance, mais écrites avec une élégante correction, que le roi des Français doit de pouvoir entretenir par correspondance ou verbalement les ambassadeurs des cours étrangères. Ses ministres les plus versés dans les affaires, lorsque les circonstances sont graves, se reposent sur lui de ce soin, et ils sont forcés de reconnaître, nonobstant la fameuse maxime : « Le roi règne et ne gouverne pas, » que Sa Majesté a souvent évité des collisions et des guerres qui auraient pu résulter d'une dépêche dont la traduction ou l'interprétation eût été inexacte.

Madame de Genlis fit marcher de front l'étude des langues et celle de la littérature, des sciences naturelles, des arts du dessin, de l'architecture, de la mécanique[1] et même de la chirurgie, de sorte que le programme de l'instruction du prince fut complet.

Sur un journal que le roi des Français conserve encore et qu'il feuillette avec le plus vif plaisir, était enregistré par journée tout ce qui se passait entre lui et l'institutrice. Jusqu'aux promenades étaient mises à profit : on visitait les manufactures, les usines, les cabinets et les collections : il était défendu de parler à dîner une autre langue que l'anglais : à souper, on s'entretenait exclusivement en italien.

Cette instruction, pour ainsi dire universelle, fut admirablement secondée par une éducation religieuse toute de bienfaisance pratique. Si les préceptes et les conseils de madame de Genlis développèrent de bonne heure des germes de libéralisme dans la tête du jeune duc de Chartres, son père, *Philippe-Égalité*, essaya par toutes les voies possibles de faire partager au jeune duc ses doctrines et ses

[1] Louis XVI excellait dans la serrurerie, et Louis XVIII dans la mécanique. Louis-Philippe, dans sa jeunesse, avait un *tour* et aimait beaucoup certains métiers manuels. Il était bon tabletier et vannier. Un jour, avec le secours du duc de Montpensier, il fabriqua, pour une pauvre femme de Saint-Leu, une armoire et une table à tiroirs, dignes du plus habile menuisier. Il confectionnait de sa propre main ses joujoux et ceux de ses frères.

espérances démagogiques; mais la vie studieuse et la raison précoce de l'élève de madame de Genlis tinrent bon contre les insinuations paternelles. Cependant Philippe-Égalité força son fils à devenir membre du club des Jacobins, ce qui indisposa vivement la cour. Mais lorsqu'il voulut précipiter avec lui le duc de Chartres dans les eaux orageuses d'une révolution qui devait l'engloutir, celui-ci fut douloureusement ému des crimes des ultrà-républicains qui souillaient, chaque jour, dans le sang et la boue, les saintes doctrines d'une révolution si pure à son origine : il refusa constamment d'entrer dans la politique d'échafaud de Marat et de Robespierre, et à ce sujet il écrivit à son père quelques lettres d'une raison au-dessus de son âge, d'un sens profond, pour le détourner de la route funeste où il s'engageait. Ces lettres furent inutiles; mais l'histoire les a enregistrées.

Cette rare fermeté, cette noble indépendance d'esprit du duc de Chartres, qui depuis se sont révélées avec tant d'éclat dans le roi des Français, forment le cachet distinctif du caractère de Louis-Philippe, et nous devons, au risque de nous répéter, appuyer fortement sur ce point. Telle est la source des qualités éminentes du Monarque. Avec cette donnée que les faits confirment, partout et toujours, nous le verrons égal à lui-même, dans sa longue carrière, semée de bonheurs et de malheurs. Acceptant les grands principes nationaux et les sages réformes de 89, ainsi que quelques-unes des fécondes mesures de la Constituante et de la Législative, il n'eut qu'un mépris accablant pour les niveleurs et les hommes sanglants de la Convention. Reçu, malgré lui, membre du club des Jacobins, il se fit accueillir, à l'insu de son père, au sein de la Société Philanthropique, ce qui mécontenta au plus haut degré Philippe-Égalité. Celui-ci ne put l'empêcher non plus de fréquenter assidûment la société des *Amis de la Révolution*, où Mirabeau préludait aux énergiques accens de cette éloquence qui devait en faire le roi de la tribune nationale. Le duc de Chartres quelquefois prit la parole et se fit applaudir et remarquer par un beau talent d'orateur, qu'il employait plutôt à soutenir la cause de la justice, en faveur des victimes d'une révolution débordée, qu'à attiser des passions bouillonnantes et aveugles. D'autre part, il temoignait la joie la plus vive en face des débris de la Bastille, que le mena voir Madame de Genlis. En effet, cette démolition d'une prison de bon plaisir et de despotisme royal n'était-elle pas l'acte le plus légitime du vrai peuple révolutionnaire?

Le duc de Chartres avait dix-neuf ans lorsque son éducation se trouva terminée. On monta sa maison. Il avait eu successivement pour gouverneurs M. Peyre, qu'il affectionnait beaucoup; M. Merys, M. d'Aroval, M. d'Avaray et le chevalier de Grave.

On venait alors de réunir les conseils généraux. La royauté était menacée de tous côtés; la tempête qui devait emporter Louis XVI et sa famille commençait ses grondemens sinistres. Lorsque la royauté eut été décapitée dans la personne d'un Roi honnête homme, le char révolutionnaire apporta sans cesse à la guillotine de nouveaux tributs de têtes coupées. Le jeune duc éprouva une répulsion de plus en plus invincible pour ces affreux dictateurs qui avaient fait du bourreau un juge exclusif et sans appel.

Il repoussa toute politique agressive, et il prit dans l'armée qui représentait la France, et non quelques démagogues sanglans, un service actif.

C'est le moment pour nous de tracer en peu de mots la brillante carrière militaire du duc de Chartres, et de juger la valeur des imputations dirigées contre lui au sujet de la défection de Dumouriez.

Il fut nommé, à quatorze ans, colonel du régiment de Chartres. En 1785, il était colonel du 14e régiment de dragons. En 1791, il fut inscrit dans le bataillon du district de Saint-Roch, en qualité de garde national, et l'on rapporte qu'il effaça de sa main les titres dont on avait fait précéder et suivre son nom; il signa tout simplement Louis-Philippe d'Orléans, citoyen de Paris.

De Vendôme, où il tint garnison, le duc de Chartres passa à Valenciennes. Il alla au feu pour la première fois sous les ordres du duc de Biron, commandant une division de l'armée du Nord. C'était en 1792, à Quiévrain. Il rallia une division de l'armée; il donna de belles preuves de valeur sous le maréchal Luckner et sous Kellermann, son successeur. « Ah! monsieur, lui dit un jour celui-ci, je n'ai jamais eu l'honneur de voir un officier général aussi jeune!

» N'en soyez pas surpris, répondit le duc de Chartres, je suis le fils de celui qui vous a fait colonel. »

La repartie plut extrêmement au futur duc de Valmy, qui serra avec effusion la main du jeune officier.

Du reste, celui-ci avait su se concilier, pendant son commandement, l'estime et l'amitié des soldats, non-seulement par les éclatantes qualités qui font le guerrier, mais par une rigidité de mœurs, par une justice exacte pour tous, et un grand amour de l'ordre et de la discipline.

En 1792, le pays ayant été déclaré en danger par la Législative, le duc de Chartres se distingua glorieusement sous les ordres de Dumouriez, à cette célèbre bataille de Valmy, où il commandait douze bataillons d'infanterie.

Voici un extrait du rapport officiel de Dumouriez à ce sujet:

« Embarrassé par la difficulté du choix, je me bornerai à mentionner, parmi ceux qui se sont le plus vaillamment conduits, M. Chartres, et son aide de camp, M. Montpensier, dont la présence d'esprit, au milieu d'une des plus furieuses canonnades qu'on ait entendues, est très-remarquable à leur âge. »

A Jemmapes, le duc de Chartres commandait l'aile droite de l'armée, que Dumouriez avait divisée en deux corps de vingt-quatre bataillons chacun. Cette mémorable journée, qui éclaira un des plus beaux triomphes de la république, et amena d'immenses résultats, malgré l'ineptie des pamphlets qui cherchent à la ridiculiser, est un des immortels fleurons de la couronne militaire de Louis-Philippe.

Ce furent les chasseurs à pied de la division du duc de Chartres et le bataillon de Mons qui arrachèrent l'armée à une défaite inévitable : la victoire appartenait déjà aux Autrichiens, lorsque le duc, à la tête de quelques braves, fond avec vigueur sur les rangs ennemis, les disperse et les contraint d'abandonner leurs positions. Ils laissèrent le champ de bataille jonché de morts, et toute leur artillerie en notre pouvoir.

Jemmapes ne fit que précéder d'autres triomphes, ceux d'Anderlach, de Tirlemont, de Varroux, de Maëstricht. A Nerwinde, il eut un cheval tué sous lui, et répara, par le courage le plus intelligent, les pertes de cette malheureuse journée.

Pendant que nos armes se couvraient d'éclat sur les champs de bataille étrangers, le Comité de salut public, atteint d'une monomanie sanguinaire, décimait la France avec une férocité sans bornes. Tout ce qui dominait par le nom, par le talent, par la richesse, souvent par la vertu, devait tomber sous la hache, pour proclamer sans doute l'égalité de la honte et du crime !

Dumouriez et le duc de Chartres reçurent l'ordre de se rendre immédiatement à Paris. Obéir, c'était périr ; ils le savaient l'un et l'ature. Leurs accusateurs étaient leurs juges. Ils méconnurent les ordres du comité de salut public et s'expatrièrent. Ils gagnèrent le quartier général autrichien de Mons. Là le duc de Chartres refusa obstinément et noblement de porter les armes contre la France. Ayant obtenu des passe-ports, il rejoignit sa sœur en Suisse. Son père et ses frères étaient alors arrêtés et captifs. Sa mère était gardée à vue dans le château de Penthièvre : lui, foulait une terre étrangère, sans asile et sans protection, porteur d'un nom maudit des princes et des souverains de l'Europe.

Tels sont les reviremens subits de la fortune qui retrempent les courages mâles, élèvent les grandes âmes, mais brisent et terrassent sans retour les hommes médiocres, les vulgaires esprits.

Ici se clôt la vie militaire du duc de Chartres. On lui a reproché à tort la mort de son père. On a dit que sa défection avec Dumouriez avait gravement indisposé contre lui le Comité de salut public, qui s'en vengea en envoyant Philippé-Égalite à l'échafaud. Cette défection, vis-à-vis d'une faction furieuse qui ne représentait pas et ne pouvait représenter la France, ne fut qu'un vain prétexte d'accusation. Les niveleurs de 93, hommes nouveaux et sortis de la foule, craignaient le duc d'Orléans et sa puissance, malgré le pacte qu'il avait conclu avec eux : ils devaient, dans l'intérêt de leur présent et de leur avenir, l'immoler à leurs appréhensions. Si son fils, le duc de Chartres, dont ils connaissaient les opinions modérées, et qui aurait voulu ramener la révolution dans la voie de la légalité, se fût rendu, sur leur injonction, à Paris, il y eût été guillotiné en pure perte. Son seul crime était d'être né prince et d'avoir acquis à l'armée une haute réputation de bravoure.

Le duc de Chartres alla rejoindre sa sœur, mademoiselle Adélaïde d'Orléans, à Schaffouse : reconnu, il lui fallut fuir pour éviter des persécutions de toutes sortes

Il était à la fois poursuivi par la haine des émigrés et des républicains. Il fut, pour ainsi dire, obligé de quitter Zug, et il résolut, après s'être séparé de sa sœur chérie, qui se renferma dans un couvent, de parcourir à pied la Suisse, dans le plus strict incognito, sous le nom de Chabaud. En 1793, il fut admis au collége de Reichenau comme professeur de mathématiques. Il avait vingt ans. Il s'acquitta de ses nouvelles fonctions avec une aptitude et un zèle qui le firent remarquer.

Pendant quinze mois, il se leva régulièrement à quatre heures du matin pour enseigner la géométrie, la géographie, le français et l'anglais. L'influence qu'il exerça bientôt par sa conduite irréprochable et l'éclat de son talent fut telle que les habitans du canton où il professait, ayant à élire un député à l'assemblée de Coire, voulurent lui décerner le plus grand des honneurs en se faisant représenter par lui. Ah! nous en sommes sûr, ce souvenir des électeurs suisses qui couronnaient dans le pseudonyme Chabaud la probité et la science est un des plus doux au cœur du roi des Français d'aujourd'hui!

Ce fut au milieu de cette vie obscure et laborieuse qu'il apprit la mort de son père; il en fut navré de douleur. Il devenait ainsi duc d'Orléans; mais où était sa famille? il l'ignorait : quelles étaient ses ressources? il n'en avait pas. Il n'osa pas même prendre le titre qui lui appartenait.

Après quinze mois de professorat, il se trouvait, sous le nom de Corby, auprès de M. de Montesquieu, en qualité d'aide de camp. Il reçut alors quelque argent du duc de Modène, son oncle, et ayant su que Madame de Genlis résidait à Hambourg, il s'y rendit.

Dans cette ville, il rencontra un vieillard pensionné par son père, et qui venait de quitter Paris dans le dénûment le plus complet. Le prince ne possédait que quatre louis dans sa bourse; il en donna un à ce vieillard, qui le reçut, les larmes aux yeux, après un refus obstiné.

Heureusement pour le duc d'Orléans, son éducation avait été forte et virile, et il en rendait grâces alors à sa gouvernante, Madame de Genlis. La faim, le froid, les mauvais gîtes, une nourriture malsaine, des marches longues et fatigantes, rien ne le rebutait. On eût dit même qu'il avait déjà assez de philosophie pour se complaire dans l'apprentissage de cette vie cruelle de l'exil.

De Hambourg, où il eut à subir des injures grossières qu'il fit taire à force de dignité, il alla à Copenhague et à Stockholm, où il fut accueilli avec toutes sortes d'égards. Il visita ces deux villes, ainsi que les deux pays dont elles sont les capitales, en observateur, en savant, en artiste. Il poussa ses excursions jusqu'en Norwège. Ce fut à Christiania qu'il fit la connaissance de M. Monod, depuis, pasteur protestant de Paris. M. Monod ne le connaissait que sous le pseudonyme de Corby, et il l'avait pris en grande estime.

Ils avaient eu ensemble quelques-unes de ces conversations substantielles sur la politique, sur la religion, sur l'histoire, où deux esprits sérieux donnent toute leur mesure; et le respectable pasteur avait été frappé de la justesse des idées et surtout de la tolérance des vues de ce jeune homme, de cette miséricordieuse tolérance que le siècle passé a prêchée avec tant de chaude éloquence par ses sommités philosophiques, et qui accuse le plus utile et le plus durable des progrès de notre temps.

En 1814, M. Monod, en sa qualité de président du consistoire protestant, revit le duc d'Orléans au Palais-Royal; celui-ci s'aperçut que le pasteur avait oublié sa physionomie. Il le prit à part, après la réception officielle :

« Vous avez séjourné à Christiania, monsieur, lui dit-il; est-ce que vous ne vous rappelez pas de m'y avoir vu?

— Non, prince, répondit M. Monod, tout en consultant religieusement sa mémoire.

— Vous êtes en défaut, peut-être pour la première fois de votre vie, mon cher pasteur. Comment? vous auriez perdu le souvenir de M. Corby, de ce jeune M. Corby?

— Non, monseigneur, je m'en souviens toujours; mais je ne sais ce qu'il est devenu.

— Eh bien, mon cher monsieur, ce M. Corby, pour qui vous avez eu tant d'obligeantes attentions, est devant vous! Et là-dessus, le duc étreignit avec vivacité une des mains du pasteur, dont la surprise était au comble.

Le duc d'Orléans visita aussi Hamersfeldt dans la Laponie, et Tronhyem en Islande. En souvenir de la cordiale hospitalité qu'il y reçut, il a envoyé à Hamersfeldt une très-riche horloge pour orner l'église; et à une dame aujourd'hui octogénaire, de Tronhyem, qui tenait une auberge où il logea pendant quelques semaines, il a fait cadeau en 1839 d'une très-belle pendule à musique.

Enfin, après avoir parcouru avec une curiosité de savant toutes ces contrées hyperboréennes, et être arrivé aux confins de la Russie, il revint sur ses pas jusqu'à Stockholm.

Cependant le Directoire, timide et ombrageux, venait de succéder au Comité de salut public. Les échafauds avaient disparu sans que les principaux exilés pussent revoir la patrie. MM. les Pentarques étaient travaillés d'une peur continuelle, comme tous les gens qui dirigent un gouvernement faible. On ne permit pas au duc d'Orléans de rentrer en France, car déjà il se trouvait être l'homme de la situation : une réaction puissante en faveur de la monarchie s'opérait dans les esprits. La France, effrayée des sanglantes orgies de la république, et pleine de dégoût pour le despotisme corrompu de la vieille cour, avait dès lors l'instinct d'un pouvoir qui tînt le milieu entre la république et l'ancienne monarchie : elle rêvait un trône entouré d'institutions libérales et progressives; et les Bourbons de la branche aînée ne pouvaient, sans nul doute, l'occuper. Le duc d'Orléans seul, par les gages qu'il avait donnés à la révolution, par son éducation toute empreinte de libéralisme, était déjà ce que nous l'avons vu plus tard : « Le seul prince capable de réaliser ce régime » intermédiaire, l'homme providentiel, qui, sans avoir jamais eu besoin de comploter

» ou de conspirer, avait, en 1796 comme en 1814 et en 1830, un parti tacite ; je » veux dire que le duc d'Orléans eût pu rallier les hommes modérés de tous les partis, » dans la France du Directoire mourant de sa corruption, dans la France de l'Em- » pire vaincu par l'abus de la gloire, comme dans la France de la Restauration, » lorsque la branche aînée se suicida elle-même par une folle passion pour le fan- » tôme de l'ancien régime [1]. »

Quelques-unes de ces considérations politiques furent pesées par le Directoire, qui jugea à propos d'éloigner le duc d'Orléans de Hambourg, et de le reléguer en Amérique. A la condition de son départ pour les États-Unis, il promit d'ouvrir la prison de Marseille de ses deux frères, les ducs de Montpensier et de Beaujolais, et de lever le séquestre mis sur ses biens et sur ceux de sa mère. Le jeune prince, qui avait toujours eu pour sa famille l'affection la plus vive, ne balança pas un instant; il fut même joyeux d'un sacrifice qui améliorait le sort de ses frères et de sa vieille mère, la duchesse douairière. Il fit promptement ses préparatifs de départ : il s'embarqua sur *l'America* pour les États-Unis, et il était à Philadelphie le 21 octobre 1796.

Le Directoire ayant accompli ses promesses, les ducs de Montpensier et de Beaujolais allèrent rejoindre leur frère aîné sur la terre de Washington. Ce fut pour les trois princes un beau jour de fête.

En Amérique, le duc d'Orléans continua ses études des hommes et des choses : il se lia d'amitié avec un grand nombre de personnages marquans, et il eut bientôt pour Washington, qui l'admit dans son intimité, une de ces admirations vraies qui sont à la fois le résultat de l'estime qui nous entraîne vers la vertu et du respect que le génie conquiert. Washington restera, en effet, comme un homme supérieur, égaré dans son siècle, taillé sur le patron antique, simple et grand comme les héros les plus complets de Plutarque.

Le duc d'Orléans ne se contenta pas d'étudier la civilisation américaine sous toutes ses faces, particulièrement sous son triple aspect politique, législatif et militaire; il voulut aussi, à ses risques et périls, s'initier par lui-même aux habitudes et aux mœurs des sauvages, et il pénétra hardiment jusque dans les villages des Indiens Chippewas. Toute l'Union américaine avait été explorée par lui et par ses frères : il prit congé du général Washington, et il vint à Boston, puis à New-York.

Là il apprit les événements du 18 fructidor. Sa mère, la duchesse douairière, avait été obligée de s'expatrier en Espagne.

Il résolut de l'y rejoindre; mais l'entreprise était hasardeuse. Il y avait guerre entre l'Espagne et l'Angleterre, et la traversée des États-Unis à la Péninsule offrait des dangers réels. Le courage et l'heureuse étoile du duc d'Orléans les lui firent éviter, et il débarqua avec ses frères dans la colonie espagnole de Cuba, en 1798. Après environ un an de séjour dans l'île, un ordre d'Aranjuez enjoignit aux princes de

[1] *Frazer Magasine*, 1844.

quitter la colonie : ils furent contraints de se mettre en mer, et ils abordèrent aux îles Bahama, puis à Halifax.

Là ils rencontrèrent un prince qui les consola et les protégea de tout son pouvoir, le duc de Kent, fils de Georges III. Par ses soins empressés, le duc d'Orléans sollicita et obtint l'autorisation de passer en Angleterre avec ses frères. C'était en 1800.

La présence du duc d'Orléans à Londres fit une sensation d'autant plus vive que le comte d'Artois s'y trouvait aussi, entouré d'une foule d'émigrés et de courtisans enthousiastes de la vieille royauté déchue. Le duc d'Orléans, dans une position si délicate, tint une conduite si noble, si pleine de réserve et de convenance; il se renferma dans la solitude de Twickenham avec une modestie et une simplicité si grandes; d'un autre côté, ses rapports avec la haute aristocratie anglaise firent tellement briller sa politesse, son tact exquis et la bonté sans fard de son caractère, qu'il lui fallut peu de temps pour faire tomber toutes les préventions, pour amortir et même étouffer des haines que son nom seul suffisait à susciter et à fomenter.

Le comte d'Artois lui-même demanda à le voir, et l'entrevue, quoique vraiment bizarre, se passa fort bien. Louis XVIII, qui alors résidait à Mittau, entretint par lettres son cousin, qui, sans jamais rien désavouer de ses idées patriotiques de 89, dont le comte de Provence, du reste, se rapprochait volontiers, fit oublier jusqu'à un certain point le triste passé de son père par son aménité, par ses douloureuses sympathies et son attachement aux Bourbons exilés de la branche aînée.

Le ministre Pitt alla jusqu'à présenter le duc d'Orléans au roi Georges III, qui l'accueillit de la façon la plus gracieuse.

Le premier consul venait de faire écrouler l'échafaudage fastueux et vain du Directoire : les bons esprits prévoyaient que dans peu il changerait contre un sceptre son épée consulaire. Le général victorieux agissait en maître suprême et se préparait à l'empire. Lorsque le duc d'Orléans apprit avec effroi l'assassinat des fossés de Vincennes, il écrivit à un évêque anglais une de ces lettres parties du cœur, dans laquelle il défendait contre l'*usurpateur corse*, les droits de la légitimité. On la lui a reprochée à tort : elle prouvait tout simplement la direction de ses idées monarchiques, et sa fidélité inviolable aux Bourbons de la branche aînée.

Sur ces entrefaites, moururent ses deux frères : le duc de Montpensier, près de Windsor, en 1807, et le duc de Beaujolais, à Malte, en 1808.

Le duc d'Orléans quitta alors l'Angleterre et se rendit en Sicile, auprès du roi Ferdinand IV, son parent. C'est à Palerme qu'il vit, aima et épousa Marie-Amélie, ce modèle des mères et des épouses, que S. S. le pape Grégoire XVI appelait dernièrement une sainte reine.

Si le duc d'Orléans avait énergiquement protesté contre l'assassinat de Vincennes, il résolut de s'opposer activement à l'ambition démesurée de Napoléon, qui, sous prétexte de médiation, cherchait à s'emparer de l'Espagne. Des obsessions d'alliance et d'entourage peut-être l'engagèrent trop avant; mais, après tout, le motif qui le faisait agir était louable. L'occupation de l'Espagne par Napoléon est un acte aussi impolitique que perfide; c'est une des grandes fautes de l'empereur, pour ne pas dire plus. Les projets du duc d'Orléans n'ayant pas été approuvés par l'Angleterre, il revint à Palerme, auprès de sa jeune épouse, qui venait de lui donner un fils (1810), Ferdinand d'Orléans, ce prince royal, d'un si large avenir, qu'une épouvantable catastrophe a enlevé aux besoins de la France, en 1842.

Le duc d'Orléans vivait heureux et tranquille en Sicile, lorsque la première restauration de 1814 vint tromper toutes les prévisions, car les Bourbons de la branche aînée étaient tout à fait dans l'oubli de l'Europe et de la France. Il fit son entrée triomphale à Paris, après Louis XVIII, qui le réintégra spontanément dans son titre de lieutenant général, qu'il portait vingt-cinq ans auparavant.

Mais Louis XVIII, qui se croyait affermi sur le trône, ne fit guère qu'une étape de quelques mois aux Tuileries. La nouvelle du débarquement de Napoléon à Cannes fut comme une fusée électrique qui sillonna de sa flamme les principales villes de France. L'armée reprit ses aigles, souveraines du monde, avec des pleurs d'enthousiasme, et les Bourbons voyageurs recommencèrent une deuxième fois la dure leçon de l'exil.

M. de Talleyrand, un des plus intelligens et des plus fins diplomates de l'Europe, que de mauvaises passions ont toujours incriminé et insulté outre mesure; — il n'abandonna jamais une cause qu'il avait soutenue, sans être convaincu qu'elle était perdue sans retour, et les faits lui donnèrent raison; — M. de Talleyrand, qui avait un coup d'œil de lynx, regardait, dès 1814, le duc d'Orléans comme le seul prince français capable de fonder chez nous un gouvernement constitutionnel, surtout depuis que le peuple voulait être gouverné par une charte sérieuse, et il fit part de ses craintes à ce sujet à Louis XVIII, qui sembla ne pas comprendre. Depuis ce moment, M. de Talleyrand s'enveloppa d'un silence absolu[1].

Quant à Louis XVIII, il avait tellement compté sur la loyauté de son cousin, lorsque Napoléon s'élança de Cannes sur Paris avec la rapidité de l'éclair, qu'il lui confia le commandement de l'armée du Nord. Le duc accepta et fit son devoir; mais toute résistance ayant été jugée impossible, il se retira de nouveau en Angleterre, dans sa retraite aimée de Twickenham.

Après la désastreuse journée de Waterloo, il revint à Paris.

[1] Paul-Louis Courrier, un des plus grands écrivains du siècle, disait en 1822 : « J'aime le Duc d'Orléans, parce qu'étant né Prince, il daigne être honnête homme. Il ne m'a rien promis; mais le cas avenant, je me fierais à lui; et l'accord fait, je pense qu'il le tiendrait sans fraude. Bref, c'est un homme de bien. Je voudrais, quant à moi, que tous les Princes lui ressemblassent; aucun d'eux n'y perdrait, et nous y gagnerions. S'il gouvernait, il ajusterait bien des choses, non seulement par la sagesse qui peut être en lui, mais par une vertu non moins considérable et trop célèbre. C'est son économie, qualité, si l'on veut bourgeoise, que la cour abhorre dans un Prince, mais pour nous si précieuse pour nous administrer, si belle, si..... comment dirais-je? divine, qu'avec elle je le tiendrais quitte quasi de toutes les autres. »

La deuxième restauration, qui se crut, cette fois encore, assise sur des bases inébranlables, alla, comme chacun sait, de faute en faute, et elle finit par s'aliéner tellement les esprits, que, dans peu d'années, par la presse, le livre et la brochure, la révolution des idées se trouvait faite sans secousse, sans agitation publique. Ce fut un travail intellectuel, souterrain, mais tout-puissant et irrésistible. Le duc d'Orléans se mêla-t-il aux luttes de la tribune, de la presse? descendit-il à une opposition directe ou même indirecte, en plein soleil, à la face de tous, contre la royauté? Non. Il resta conséquent avec lui-même, avec ses antécédents politiques; il adopta plus que jamais une retenue et une modération qui étonnèrent. Plus la contre-révolution marchait avec son clergé envahisseur et ses cours prévôtales, plus le duc resserrait, pour ainsi parler, le centre de sa vie publique; plus il se cloîtrait à propos.

Quoique de temps à autre il fît les honneurs de sa maison à quelques hommes éminens de l'opposition, aux Benjamin Constant, aux Foy, aux Sébastiani, aux Casimir Périer, jamais on ne surprit sur ses lèvres un mot amer contre la branche aînée, un pronostic fâcheux ni le simple soupçon d'une espérance ambitieuse.

A la naissance du duc de Bordeaux, il manifesta une joie véritable, et lorsque Louis XVIII fut remplacé par Charles X, celui-ci lui accorda, pour le récompenser de son dévouement sincère, le titre d'Altesse Royale, qu'il avait en vain sollicité de Louis XVIII.

On connaît le mot historique de M. de Salvandy, dans un bal splendide que donnait au Palais-Royal le duc d'Orléans à son beau-père, le roi de Naples : « Nous dansons sur un volcan. » Le duc, qui entendit ce mot, ne voulait pas y croire, et le prit pour une exagération et un échauffement de cerveau d'un homme de lettres [1].

A peine six semaines étaient-elles écoulées, que les fatales ordonnances qui ont amené l'explosion populaire de juillet paraissaient dans les colonnes du *Moniteur*. Trois jours suffirent pour jeter à un troisième exil une triple génération de rois, et pour réaliser la plus pure et la plus légitime des révolutions.

Ici finit le duc d'Orléans, et le rôle du roi constitutionnel commence.

[1] Cependant le duc d'Orléans voyait très-clair dans la situation politique du pays. Il savait les fautes ineptes et l'immense impopularité du ministère Polignac, et il déclarait que, pour lui, il resterait à Paris, avec sa famille, quelque orage qui vînt de nouveau à éclater. Son bras et son cœur étaient a la France.

Louis XVIII, un de nos derniers rois les plus fins et les plus sagaces, connaissait toute la valeur et toute la puissance politique du duc d'Orléans, lorsqu'il écrivait dans ses Memoires, tome IX :

« Il ne se remue pas et cependant il chemine. Comment s'y prendre pour empêcher de marcher un homme qui a
» l'air de ne point faire un pas? C'est un problème qui me reste a résoudre, et je voudrais bien n'avoir pas à en laisser
» la solution à mes successeurs. »

La révolution de juillet a vérifié les craintes de l'auteur de la Charte.

III

LE ROI DES FRANÇAIS.

Ceux qui prétendent que la révolution de juillet n'a été qu'un pur accident n'entendent rien à l'histoire des peuples. Quand les idées qui partent d'en haut, et qui sont comme le fonds d'une civilisation, descendent dans les masses et les pénètrent, aucune force humaine ne saurait les arrêter : elles se traduisent alors, dans la rue, en coups de fusil : lorsque la tête a pensé, le bras agit et frappe en conséquence. Ceci est mathématique. Or, avec leur replâtrage de liberté, les ministres de Charles X détruisaient ouvertement d'une main ce qu'ils avaient semblé continuer de l'autre.

Il y avait une lutte sourde, implacable, entre leurs œuvres et les tendances et les désirs hautement avoués du pays. La France devait revenir au passé, ou tuer sa royauté rétrograde. Les armes n'étaient pas égales, et dans ce champ clos ardent, la royauté devait succomber. Les ordonnances n'ont fait que hâter la chute d'un pouvoir nécessairement condamné à périr plus tard, et déjà ruiné de toutes parts dans l'esprit public.

Oui, la révolution de juillet a été une révolution d'idées. Les hommes éminens de la politique, dont le jugement était sain et les vues larges, pressentaient la catastrophe de la branche aînée.

Un ancien ministre de Napoléon, M. le comte de Montalivet, écrivait à ses fils, bien avant le règne de Charles X :

« Mes amis, une révolution nous menace; elle peut être terrible; elle peut, » comme la première, renverser les fortunes les mieux établies, détruire les positions » les plus brillantes : travaillez, devenez hommes, afin de pouvoir résister à l'adver- » sité, si elle arrive, et de vous protéger vous-mêmes par votre capacité. Au reste, je » le vois clairement, le duc d'Orléans seul peut arranger nos affaires; il montera sur » le trône, et relèvera le gouvernement constitutionnel. »

M. le comte Bachasson de Montalivet, ex-ministre de l'intérieur, et ami du roi des Français, a parfaitement profité des sages conseils de son noble père.

M. le général Dumouriez écrivait, dès 1795 :

« Je regarde à présent la dynastie capétienne comme finie, car aucune des révo-
» lutions qui se rengrégeraient l'une sur l'autre ne lui sera favorable. Il y aura un
» jour un roi de France; je ne sais quand, je ne sais qui; mais certainement il ne
» sera pas pris en ligne directe. »

De son côté, le duc de Wellington écrivait au général Dumouriez : « J'ai souvent déploré le sort du duc d'Orléans : c'est un Prince du caractère le plus estimable, d'un grand talent, d'une réputation méritée : il sera un jour le bienfaiteur de son malheureux pays. »

En 1827, M. Stanislas de Girardin, à son lit de mort, reçut la visite du duc d'Orléans. M. de Girardin lui prit la main, et lui dit avec affection, et comme dominé par un instinct prophétique :

« Prince, j'emporte du moins avec bonheur au tombeau la pensée qu'avant peu
» vous serez roi. »

Les chefs du parti royaliste, attachés aux Bourbons par une fidélité à toute épreuve, sont unanimes à reconnaître avec une franchise qui les honore les vraies causes de la révolution des trois jours, et de l'avénement au trône de Louis-Philippe.

Le prince de notre littérature contemporaine, Chateaubriand, ce royaliste à la fois si chevaleresque et si dévoué, qui donna aux ministres de Charles X des avis qui lui valurent de sanglans outrages, disait, à la Chambre des Pairs, en 1830 :

« Jamais défense n'a été plus juste et plus héroïque que celle du peuple de Paris;
» il ne s'est pas soulevé contre la loi, mais pour la loi; ce peuple s'est armé de son
» intelligence et de son courage : il s'est trouvé que ces boutiquiers respiraient assez
» facilement la fumée de la poudre, et qu'il fallait plus de quatre soldats et un
» caporal pour les réduire. Un siècle n'aurait pas tant mûri les destinées d'un peuple
» que les trois derniers soleils qui viennent de briller sur la France. Un *grand crime*
» a eu lieu; il a produit l'énergique explosion d'un principe. »

On lit ces deux lignes dans les *Souvenirs du comte de Vaublanc*, ancien ministre de l'intérieur :

« La révolution de 1830 a été faite par Louis XVIII, par Charles X, et par leurs ministres. »

Enfin, M. le baron Gustave de Romand, dans un écrit remarquable, intitulé : *De l'État des partis en France*, s'exprime ainsi, en appréciant Louis-Philippe :

« Personne n'ignorait qu'il (le roi des Français) avait rapporté d'exil les sentimens
» patriotiques de sa jeunesse; quand le chemin de la France lui fut ouvert, il
» n'avait point pactisé avec les passions de l'émigration, ou avec les illusions fatales
» de sa famille, et s'était tenu en dehors de toute action politique. »

Ouvrez tous les livres d'histoire sérieux publiés depuis 1830; quelle que soit la couleur politique de leurs auteurs, vous verrez qu'ils sont tous d'accord sur un point, à savoir, qu'au milieu du bouillonnement des trois jours et de l'anarchie qui pouvait en résulter, le duc d'Orléans était le seul homme capable de fondre dans l'unité les divergences d'opinions, de relier en faisceau les patriotes isolés, et de satisfaire pleinement, par les garanties de son passé, aux besoins et aux aspirations nouvelles de la France, en développant, dans de sages mesures, les principes émancipateurs de 89.

Il était, pour ainsi dire, nécessaire à la France et à l'Europe, comme l'a écrit un grand poëte[1].

Ceci posé, esquissons rapidement les faits.

On sait quelle fut l'héroïque résistance du peuple parisien pendant les trois journées. L'histoire n'aura pas, dans la suite des siècles, de pages plus glorieuses à présenter à l'admiration de la postérité.

Le peuple fut partout brave, généreux, magnanime. Aucun vol, aucun pillage, n'eurent lieu. Le sentiment profond de sa liberté violée le maintint et l'éleva à toutes sortes de grandeurs. Déjà, le mercredi soir, 28, le drapeau national flottait sur les tours de Notre-Dame; l'hôtel de ville était tombé entre les mains du peuple : M. de Polignac, qui venait prématurément de crier victoire, en menaçant de faire balayer, comme une vile poussière, la population insurgée, qu'il avait grossièrement traitée de canaille, trouvait déjà ses bravades hors de saison, et tremblait pour ses maîtres aveuglés.

Le repos de la nuit donnait de nouvelles forces aux vainqueurs de la veille, et la décrépite royauté de Charles X, cloîtrée à Saint-Cloud, ne comprenait rien à l'énergique défense d'un peuple dont on venait de fouler stupidement aux pieds les droits imprescriptibles. Les talons rouges de la vieille cour se cachaient, ou étaient frappés de panique. Le dévot Charles X, avec sa famille, en entendant mugir le canon de Paris, levait en vain vers le ciel des yeux mouillés de larmes, pour implorer de son silence un secours que lui avait promis en termes mystiques monseigneur de Quélen, quelques jours auparavant, sous les voûtes de Notre-Dame. Le prélat, dans un discours exagéré, avait fait allusion à une autre conquête, aussi précieuse que celle d'Alger. Il s'agissait de terrasser et d'anéantir l'hydre du libéralisme. Quoique la victoire populaire fût à peu près complète, Charles X, dans son entêtement de vieillard, rendit inutiles les démarches tentées auprès du duc de Raguse, pour arrêter l'effusion du sang. Il s'en tint à cette phrase aussi insensée qu'impitoyable, qu'il copia alors de son discours du trône :

« Nos résolutions sont immuables. »

A quoi il fut répondu par les mandataires de la nation :

« Il est trop tard; la guerre a décidé. Vous avez cessé de régner; votre trône a » glissé dans le sang! »

Revenons au duc d'Orléans. Où était le prince? que faisait-il, pendant que des barricades s'élevaient dans tous les quartiers de Paris, et que les balles en sillonnaient

[1] Victor Hugo. Adresse de condoléance de l'Académie Française au Roi, au sujet de la mort du duc d'Orleans.

les rues en tous sens? Il était renfermé à Neuilly, avec ses enfans; le duc de Chartres seul se trouvait à Joigny, près de son régiment. Le canon de la capitale bondissait jusque dans sa retraite et en remuait les échos. La plus vive douleur l'avait saisi : rien ne pouvait le tranquilliser. « Laissez-moi, disait-il à ceux qui l'entouraient; » j'ai des larmes et du sang dans le cœur... . Pauvre Paris! pauvre France! »

Cependant, le jeudi 29, le Louvre et les Tuileries furent pris par le peuple. Gendarmes, soldats de la ligne, vétérans, il avait tout désarmé. Les boutiques d'armuriers, les magasins, avaient été mis à contribution. A une heure après midi, Paris était vainqueur. Le duc d'Orléans apprit cette nouvelle deux heures après.

La chambre des députés forma incontinent le projet de conférer au Duc le titre de lieutenant-général.

« Mon mari n'est point ici, » répondit la duchesse d'Orléans alarmée, à MM. Dupin et Persil, envoyés à Neuilly par la Chambre.

M. Dupin prit la parole, et déclara à la princesse que son mari seul pouvait arracher la France à l'anarchie, et la sauver de l'invasion. « Réfléchissez, madame, lui » dit-il : les momens sont courts et décisifs. » Madame Adélaïde témoigna des craintes : on croira, dit-elle, que mon frère, qui est le plus honnête homme du royaume et le moins ambitieux, a conspiré. M. Thiers, qui venait d'arriver, essaya de la calmer.

Enfin, le duc d'Orléans étant de retour du Raincy, au soir, lut, devant sa famille assemblée, la proclamation officielle par laquelle on lui offrait la lieutenance générale du royaume. Elle était signée de quarante-un noms, appartenant aux personnages politiques et aux citoyens les plus recommandables de Paris.

Il n'y avait pas à hésiter : il fallait rétablir l'ordre dans la Capitale. Le duc d'Orléans obéit à la voix de la nation, exprimée par ses premiers mandataires. Il prit un habillement de bourgeois, revêtit les trois couleurs, et partit pour Paris, avec MM. de Berthois et Heymès.

Il entra au Palais-Royal à onze heures du soir.

Le lendemain, on lut avec enthousiasme, affichée sur tous les murs, la proclamation qui suit :

« Habitans de Paris,

» Les Députés de la France, en ce moment réunis à Paris, m'ont exprimé le désir » que je me rendisse dans cette Capitale pour y exercer les fonctions de lieutenant- » général du royaume.

» Je n'ai pas balancé à venir partager vos dangers, à me placer au milieu de votre » héroïque population, et à faire tous mes efforts pour vous préserver des calamités » de la guerre civile et de l'anarchie.

» En rentrant dans la ville de Paris, je portais avec orgueil les couleurs glorieuses » que vous avez reprises, et que j'avais moi-même longtemps portées.

» Les Chambres vont se réunir, et aviseront aux moyens d'assurer le règne des » lois et le maintien des droits de la nation.

» Une charte sera désormais une vérité.

» LOUIS-PHILIPPE D'ORLÉANS. »

Les Députés vinrent en corps saluer le lieutenant-général : ils voulurent lui servir de cortége à l'hôtel de ville, où le duc d'Orléans, acclamé par la foule ivre de joie, alla à cheval au milieu d'une population compacte, enthousiaste, qui faisait retentir les airs des cris mille fois répétés de : Vive la charte! vive le duc d'Orléans!

Durant tout le trajet, qui fut un des beaux triomphes de sa vie, une des plus flatteuses ovations qu'un grand peuple ait jamais décernées à un grand prince, le lieutenant-général tint son chapeau à la main, et ne put s'avancer qu'au pas. Une commission municipale le reçut à l'hôtel de ville, et il répondit par ces nobles paroles à une adresse de M. Viennet :

« Je déplore, comme Français, le mal fait au pays et le sang qu'on a versé; comme » prince, je suis heureux de contribuer au bonheur de la nation. »

Le général Dubourg adressa en ce moment au Duc cette brusque apostrophe :

« J'espère que vous tiendrez vos sermens. »

« Apprenez, monsieur, lui répliqua le lieutenant-général avec énergie, que je n'y » ai jamais manqué, et ce n'est pas quand la patrie me réclame que je songerais à les » trahir. »

Quand le duc reprit la route du Palais-Royal, le peuple, accouru de toutes parts sur son passage, formait une haie presque infranchissable. C'étaient une ivresse, une exaltation indicibles. Arrivé à l'escalier de son palais, il n'eut pas le loisir de descendre de cheval. Mille bras robustes et triomphants l'enlevèrent malgré lui; on le pressait, on l'étouffait; on baisait ses mains et ses habits. C'était un délire de respect et d'amour!

A neuf heures du soir, une de ces voitures qu'on appelait *Carolines*, et qui depuis, ont été nommées, pour ce motif, *Orléanaises*, arrivait de Neuilly au Palais-Royal. Elle contenait la duchesse d'Orléans et sa famille. Ce fut pour le Duc le dernier et non pas le moins doux des bonheurs de cette mémorable journée.

La munificence de la Princesse se fit aussitôt sentir dans la Capitale. Cent mille francs furent envoyés par elle aux hôpitaux, pour être distribués aux pauvres et aux blessés [1].

[1] Le duc de Chartres (l'infortuné duc d'Orléans, mort en 1842), venant de Joigny, où était son regiment, avait été retenu par le maire de Mont-Rouge, lorsqu'il se dirigeait vers Neuilly. Libre sur une lettre du général Lafayette, il pensa qu'il était de son devoir de retourner à son régiment, à Joigny. A la hauteur de Melun, sa voiture se croisa avec celle de la duchesse d'Angoulême, qui venait de Dijon, se rendant a Paris. La Duchesse le reconnaît et fait arrêter sa voiture : « Monsieur, venez-vous de Paris? que s'y passe-t-il? où est le Roi? — Madame, je crois que le » Roi est a Saint-Cloud, répondit le duc de Chartres; moi-même je n'ai pu entrer dans Paris : j'ai vu de loin le » drapeau tricolore flotter sur tous les édifices. — Où allez-vous? — Rejoindre mon régiment a Joigny. — Vous nous » le garderez fidèle? — Madame, je ferai mon devoir. » Et il passa outre.

(ALPH. PÉPIN. *Deux ans de règne.*)

Les couleurs nationales furent arborées en France le 1er août, par ordonnance du lieutenant-général, et les chambres convoquées pour le 3. Dans cette séance solennelle, le duc d'Orléans prononça un discours empreint des sentimens les plus élevés de liberté et de nationalité; et après avoir fait un éloquent éloge du vaillant peuple de Paris, après avoir porté l'attention des Chambres sur l'organisation des gardes nationales, sur l'application du jury aux délits de presse, sur la formation des administrations départementales et municipales, et surtout sur la révision de ce fameux article 14, si odieusement interprété, il insinua habilement, pour apaiser toute crainte de la part des Souverains d'Europe, que la France, libre et heureuse désormais, ne s'occuperait que de sa prospérité intérieure, et avait pour toujours abandonné ce système de conquêtes, onéreux aux vainqueurs comme aux vaincus, et qui est un contre-sens brutal au milieu de notre civilisation.

Toutes les doctrines gouvernementales du roi des Français, appliquées par le pouvoir depuis quatorze ans, sont nettement formulées, sinon développées, dans le discours du lieutenant-général de 1830.

Cependant la France tout entière venait d'apprendre la révolution parisienne, et tous les hommes du progrès entrevoyaient déjà notre glorieux avenir : les principaux citoyens de chaque ville envoyaient de patriotiques adresses et même des députations au lieutenant-général, qui commença à se signaler dans ses hautes fonctions par des actes qui ne firent qu'augmenter encore son immense popularité.

Il dota, sur sa cassette, Rouget de Lisle, l'auteur de *la Marseillaise*, d'une pension de 1,500 francs. Il promut au grade de sous-lieutenant tous les élèves de l'École Polytechnique qui s'étaient battus dans les rangs du peuple pour la liberté, et il distribua huit décorations aux élèves des Écoles de Droit et de Médecine qui s'étaient le plus distingués pendant les trois jours.

Les divers corps de l'État, les administrations, furent tour à tour appelés à féliciter, dans des adresses, dont plusieurs rompirent la banale monotonie de ces sortes de formalités et firent sensation, le lieutenant-général du royaume, qui, toujours et partout, répondit aux vœux qu'on formait pour lui, aux espérances que l'on fondait sur son administration, avec un courage vraiment civique, avec une chaleureuse conviction, avec une éloquence et un à-propos qui se trouvent rarement dans le cœur et sur les lèvres des représentans d'une grande nation.

Le 6 août, pendant que les Bourbons de la branche aînée, dépossédés du trône par la criminelle démence de leurs courtisans, prenaient de nouveau la route de l'exil, la Chambre des Députés, forte des adhésions de la France électorale et de ses citoyens les plus intelligens et les plus recommandables, après les modifications de la Charte qu'elle jugea urgentes, dans l'intérêt universel et pressant du peuple français, et pour étouffer dans leur germe les factions qui déjà grondaient souterrainement et laissaient pressentir des commotions prochaines et terribles, appelait au trône vacant, de fait et de droit, S. A. R. Louis-Philippe d'Orléans, duc d'Orléans, lieutenant-général du royaume, et ses descendans à perpétuité, de mâle en mâle, par ordre de primogéniture, et elle le pria, lorsqu'il aurait juré l'observation de la nouvelle Charte constitutionnelle, d'accepter le titre de *Roi des Français.*

Ce fut M. Laffitte, vice-président de la Chambre des Députés, qui lut au Prince l'acte de constitution, auquel celui-ci répondit :

« Je reçois avec une profonde émotion la déclaration que vous me présentez : je la » regarde comme l'expression de la volonté nationale, et elle me paraît conforme » aux principes politiques que j'ai professés toute ma vie.

» Rempli de souvenirs qui m'avaient toujours fait désirer de n'être jamais destiné » à monter sur le trône, exempt d'ambition et habitué à la vie paisible que je menais » avec ma famille, je ne puis vous cacher tous les sentimens qui agitent mon cœur » dans cette grande conjoncture; mais il en est un qui les domine tous; c'est l'amour » de mon pays : je sais ce qu'il me prescrit, et je le ferai. »

Après ce discours, le Prince serra sur son cœur M. Laffitte; puis il se rendit au Palais-Royal, où il fut accueilli par les acclamations d'une population immense qui encombrait toutes les avenues. Ce fut là que le Prince, monté sur le balcon, présenta à la foule la duchesse d'Orléans et ses enfans, et des cris enthousiastes ayant éclaté de toutes parts, proférés par cent mille voix, M. le général la Fayette, comme électrisé par cette grandiose et touchante manifestation populaire, s'empara d'une des mains du duc d'Orléans, et se tournant vers les masses : « Mes amis, » s'écria-t-il, *voilà la meilleure des républiques !* »

Dans la même soirée, la Chambre des Pairs s'empressa de donner son adhésion à la déclaration de la Chambre des Députés.

Le 9 août fut choisi pour l'inauguration de la royauté citoyenne. Ce fut une belle et grande journée !

Tout Paris, joyeux et libre, se pavoisa de drapeaux tricolores, et voulut être témoin de la fête.

A deux heures, madame la duchesse d'Orléans, que suivait sa famille, la plus belle famille royale d'Europe et du monde, — hélas! depuis, deux des plus brillans rejetons ont été violemment arrachés avant le temps, de cette tige auguste, Mgr le duc d'Orléans, ce Prince qui eût été un roi brave et chevaleresque comme François Ier, et la princesse Marie, cet ange de vertus sublimes, cette artiste d'un génie si doux et si haut! — la duchesse d'Orléans prit place dans une tribune réservée. Le bruit triomphal des canons retentissait dans Paris; l'hymne de *la Marseillaise* jetait aux airs ses notes ardentes et martiales : ce fut le signal de l'entrée du lieutenant-général à la Chambre des Députés. Quatre maréchaux de France, ces vieilles gloires de la guerre dans la patrie pacifiée, le précédaient : ses deux fils aînés, le duc de Chartres et le duc de Nemours, venaient à la suite. Le Prince se plaça en face du trône; il avait ses deux fils à ses côtés.

La cérémonie de l'inauguration de la royauté constitutionnelle fut imposante et émouvante. En effet, après tant de révolutions et de secousses successives qui devaient tourner au profit de la liberté et qui l'avaient coup sur coup enchaînée, surgissait un pouvoir nouveau, issu du peuple qui l'avait proclamé et qui avait foi en lui.

Nous n'analyserons point le premier discours du trône : il fut précis, éloquent, sympathique à toutes les idées nationales, et on y répondit par une explosion spontanée de bravos.

Le ministère que, le 11 août, se choisit le Roi, se composa des hommes les plus considérables de la politique libérale et des noms les plus chers au peuple.

Avec tant d'élémens d'ordre, de durée et de prospérité pour la France, les esprits réfléchis et modérés, confians dans le présent, se laissaient emporter sans scrupule au courant de l'avenir. Avec tant de gages infaillibles de paix et de sécurité intérieure et extérieure, non-seulement l'abîme des révolutions semblait fermé, mais une simple émeute paraissait absurde, féroce, impossible.

Ces loyales espérances du bon sens et de la raison devaient être bientôt mises en défaut, car elles n'avaient pas compté sur ce levain impur des passions politiques qui s'agitent toujours fiévreusement dans les bas-fonds d'une société récemment organisée, qui n'a pu satisfaire des ambitions voilées et mécontentes, des partis abattus, vouant aux pouvoirs nouveaux qui les écartent une haine implacable.

Une double faction veillait pour ébranler les institutions de 1830 : le trône de juillet était, comme il l'est encore aujourd'hui, après quatorze ans de lutte victorieuse et d'affermissemens successifs, en butte aux attaques des rêveurs de république pure, à toute cette classe d'utopistes dangereux, dont le nombre heureusement, et par la force des choses, diminue chaque jour; comme il avait des ennemis bien plus redoutables dans cette portion de noblesse incorrigible de France, veuve du prestige de ses parchemins, dépouillée surtout de ses charges et de ses dignités à la cour, parce qu'elle avait refusé, par un excès de vanité aveugle, de rentrer franchement dans le sillon d'idées tracé par le siècle, dans les voies d'une révolution accomplie, qu'aucune protestation humaine ne pouvait empêcher d'être et de marcher.

D'autre part, et ce duel singulier continue encore sous nos yeux, la Presse royaliste, amie du droit divin, et qui, au besoin, diviniserait tous les esclavages de la vieille royauté, se mit à combattre le gouvernement de juillet, au nom de la liberté, tandis que la Presse radicale, avec ses jeunes Gracques, fous de démagogie, jetait, chaque matin, aux basses passions de la plèbe, les versets de son catéchisme furieux, ses déclamations incendiaires contre le despotisme d'un pouvoir qui l'arguait d'étrange mauvaise foi, en ne daignant pas même répondre à ses insultes quotidiennes.

La liberté de la presse, accordée à un peuple émancipé d'hier, encore chaud, pour ainsi dire, de la fumée de la poudre, et enivré d'un triomphe facile, devait produire de tristes écarts. Les organes les plus ardens de l'opposition républicaine échauffèrent encore les esprits et entretinrent dans quelques jeunes têtes exaltées les fermens d'une insurrection nouvelle. Les amis sincères et prudens de la royauté constitutionnelle eurent beau entourer le trône de leur fidélité intelligente et raisonnée; vainement ils prouvèrent, du haut de la tribune nationale, que la France avait enfin trouvé dans sa constitution et son chef suprême une stabilité durable, un maintien qui l'honorait en face d'elle-même et de l'étranger; en un mot, une attitude à la fois calme et forte, au delà ou en deçà de laquelle il n'y avait qu'anarchie périlleuse ou retour humiliant vers le passé; rien n'y fit : la lave révolutionnaire brisa son cratère; l'émeute hideuse, aux bras nus, circula dans la Capitale, à l'occasion du procès des ex-ministres; puis, un peu plus tard, se rua, sous le vain prétexte d'honneurs religieux rendus à une tombe, sur l'église de Saint-Germain-l'Auxerrois et le palais du téméraire archevêque de Paris, qu'elle démolit de fond en comble, devant l'autorité prise au dépourvu et terrifiée.

Ce succès sacrilège agrandit l'espoir de la révolution de la rue, soutenue par les meneurs du journalisme démagogique. Chaque jour la lie des plus immondes passions écumait davantage, et des troubles sérieux étaient sur le point d'éclore.

D'un autre côté, l'Europe en éveil attendait les résultats d'un pouvoir nouveau qu'elle suspectait quelque peu : les preuves de la capacité gouvernementale du plus grand Roi des temps modernes n'étaient pas fournies.

Mais Louis-Philippe, au bout d'une année de règne, montra tellement aux yeux des grands pouvoirs européens la force de son trône, appuyé sur la nation, unie à la loyauté de ses intentions pacifiques, que l'Europe étonnée et contenue reconnut la dynastie nouvelle de la France. Louis-Philippe, après avoir refusé pour un de ses fils, le duc de Nemours, la royauté de Belgique, accorda sa fille aînée à Léopold, duc de Saxe-Cobourg; et cette révolution, qui séparait la Hollande de la Belgique, en nous assurant une alliée naturelle, nous donnait en même temps l'influence la plus puissante. D'un autre côté, cent quarante-huit mille hommes avaient été appelés sous les drapeaux.

Le mouvement libéral de la Belgique avait été le contre-coup du mouvement national de 1830. La Pologne aussi pensa que le moment était venu pour elle de courir aux armes et de conquérir sa liberté. Elle compta sur l'épée de la France, impatiente de rester dans le fourreau devant les nobles malheurs de ce peuple viril; mais l'éloignement d'une part, de l'autre la crainte fondée de se mettre l'Europe féodale sur les bras, lorsque des embarras intérieurs naissaient chaque jour autour du trône; de plus, et surtout, le système sagement pacificateur adopté par Louis-Philippe, et auquel il a consacré sa vie entière, l'empêchèrent d'envoyer une armée au secours de la Pologne, agonisante sous la botte éperonnée et sanglante du Czar. La médiation de la France, celle des autres cabinets européens resta sans effet. La Pologne, dont la révolution fut trop hâtive, avait été rayée de la liste des royaumes.

Louis-Philippe fut plus hardi et plus heureux avec l'Autriche, qui avait soudaine ment envahi les légations romaines. La rapide occupation d'Ancône nous ménagea une position en Italie, et l'évacuation des États romains par l'Autriche eut lieu immédiatement.

Pendant ce temps, des traités de commerce se concluaient ou se renouvelaient avec les États-Unis, le Mexique, Haïti. Le drapeau tricolore flottait à Lisbonne, et prouvait que la France savait partout, au besoin, défendre les droits violés de la justice.

La folle tentative royaliste de Marseille annonçait la levée de boucliers de la Vendée. Le Midi et l'Ouest s'étaient donné la main par l'entremise de quelques nobles de province, de quelques *chouans* attardés, vivant tout entiers, par la plus triste des aberrations, dans un passé de guerre civile, de ruines, de massacres.

La duchesse de Berry, cette princesse à tête romanesque, malgré les avertissemens de quelques judicieux Nestors de son parti, fit une descente dans la Vendée, où elle ne tarda pas à apprendre que cette terre, jadis si héroïquement dévouée à la vieille royauté, depuis avait eu le loisir d'en méditer les criantes ingratitudes, et s'était franchement laissé emporter par le courant des idées nouvelles.

On était en juin 1832. La mort du général Lamarque devint le prétexte d'une émeute où le sang coula. Des conspirateurs imberbes d'une république bâtarde et sans chef, avaient tout disposé quelques jours à l'avance. Des proclamations avaient été distribuées à profusion dans les comptoirs et les ateliers. On avait cherché à jeter dans la mêlée du 2 juin les élèves des écoles, la plupart jeunes gens de cœur que la réflexion abandonne trop souvent, et que, par malheur, le premier rhéteur venu d'estaminet ou de carrefour endoctrine et magnétise à volonté. Le complot était connu du pouvoir; on se mit sur ses gardes : on ne devait répondre aux provocations des émeutiers qu'à la dernière extrémité. La police, disséminée par mesure d'ordre dans tous les quartiers de Paris, demeura passive et attendait. A la hauteur de la Bastille, où le convoi était arrivé, des coups de feu partirent d'une embuscade contre un régiment de dragons, et le colonel, le lieutenant-colonel et un chef d'escadron qui les commandaient, furent blessés. Les dragons firent une décharge qui rompit et dispersa les bandes factieuses.

Sur plusieurs points de Paris, une lutte sérieuse s'était engagée entre la troupe de ligne et les anarchistes. La garde nationale courut aux armes.

Quand Louis-Philippe, qui était à Saint-Cloud, eut la nouvelle de ces événemens: « Je vais à Paris, dit-il à la Reine. — Je vous accompagnerai partout, » répondit la Princesse. Le Roi monta à cheval dans la soirée, escorté seulement de quelques officiers. « Au moins celui-là n'a pas peur! » s'écriaient sur la route quelques paysans, qui accueillirent sa présence aux cris de *vive le Roi!*

Aux Tuileries, Louis-Philippe visita la garde nationale et la ligne; il regrettait à haute voix de ne pouvoir, dans ce moment périlleux, parcourir les divers quartiers de Paris, afin, disait-il, que sa présence seule apaisât l'émeute bien plus efficacement que l'aspect des baïonnettes. Puis il passa une revue sur la place du Carrousel; et lorsque les républicains, battus de tous côtés, se furent réfugiés et barricadés dans l'église Saint-Merry, où quelques-uns d'eux firent briller un courage digne d'une meilleure cause, lorsqu'ils eurent tous été tués ou pris, après la plus acharnée des résistances, Louis-Philippe, malgré l'opposition unanime de ses ministres, monte de nouveau à cheval et se met à parcourir la Capitale dans toute sa longueur.

Rue Planche-Mibray, on entendit, non loin du Roi, la détonation d'une arme à feu. « Sire, vous vous exposez trop, s'écrièrent les officiers d'état-major qui lui servaient de cortège. — Messieurs, répondit-il, mes enfans sont ma meilleure cuirasse. »

Au Château-d'Eau, le Roi vit sur une paillasse un garde national blessé au pied : « Sire, lui dit celui-ci, j'ai combattu pour ma patrie, pour la liberté et pour vous; j'ai plusieurs enfans. — Je les adopte, mon brave, » répondit le Roi.

Ce fut vers ce temps qu'eut lieu la glorieuse expédition d'Anvers, à laquelle prirent une si belle part deux des fils du Roi. Cette guerre avait des limites précises, mesurées par la sagesse de Louis-Philippe. Il s'agissait de régler les territoires mêlés jusqu'ici, contrairement au texte exprès d'un traité.

Ces limites furent atteintes sans être dépassées. Notre armée se montra admirable de patience, de discipline, de bravoure; et nos boulets, qui trouèrent et démolirent la citadelle d'Anvers, apprirent à l'Europe ce que nous valions dans le présent, comme par le passé.

L'émeute des 5 et 6 juin avait été comprimée; mais la révolte a ses lois, qui se reproduisent à des termes inégaux, et enfante sinon directement, au moins indirectement, l'assassinat. Le 19 novembre 1832, jour de la convocation des Chambres, ouvre une épouvantable série d'attentats contre la personne du Roi.

Louis-Philippe débouchait du pont Royal, en face la rue du Bac, quand un misérable tira sur lui, presque à bout portant, un coup de pistolet. L'assassin manqua le Roi. « Il n'y a pas de mal, Messieurs, dit Sa Majesté d'une voix calme; personne n'a été atteint; » et il se rendit à la Chambre comme si rien d'extraordinaire n'était arrivé. Là il ordonna qu'on ne fît pas connaître à la Reine ce qui venait d'avoir lieu; il voulait l'en instruire lui-même, et il prononça avec une éloquente chaleur le discours d'ouverture.

La nouvelle de l'attentat ayant couru dans toute la salle, les députés saluèrent Sa Majesté des cris mille fois répétés de *vive le Roi! vive Louis-Philippe!* et la séance royale terminée, ils se précipitèrent tous en masse aux Tuileries.

« Messieurs, leur dit le Monarque, ma vie est destinée à déconcerter les factieux! » Jamais parole n'a été plus prophétique. Et il ajouta avec un sourire empreint d'une tristesse mêlée de bonté : « La balle d'un assassin ne peut arriver jusqu'à mon cœur! » Et apercevant M. Dupin : « Eh bien! mon cher Dupin, ils ont tiré sur moi! — Sire, dites plutôt qu'ils ont tiré sur eux, » répondit le célèbre député.

Le 28 juillet 1835, la machine infernale de Fieschi éclata sur les boulevarts comme une triple fusillade, et les balles dont elle était bourrée, en épargnant le Roi, tuèrent onze personnes; vingt-et-une furent blessées plus ou moins grièvement. Parmi les victimes se trouvèrent le maréchal duc de Trévise, que la mort avait respecté sur tant de champs de bataille; six généraux, deux colonels, neuf officiers, des grenadiers, de simples citoyens, témoins de la fête nationale, et jusqu'à une jeune fille de seize ans.

La main de la Providence, qui cette fois encore avait sauvé les jours de Sa Majesté, était visible. Son cheval avait été atteint, ainsi que ceux du duc de Nemours et du Prince de Joinville.

Cette affreuse boucherie souleva la terreur et l'indignation de toute la Capitale. La brave garde nationale se leva comme un seul homme, et la foule effarée, pantelante, une foule compacte, de deux à trois cent mille spectateurs, protesta par les cris énergiques de *vive le Roi! vive la famille royale!* contre cette tourbe d'exécrables assassins, vomis de l'enfer, indignes d'appartenir à une grande nation et de vivre dans un siècle civilisé! Au milieu des morts et des mourans, Louis-Philippe étala aux regards de tous un sang-froid sublime, un courage et une grandeur d'âme qui ne se démentirent pas un instant. La scène qui se passa entre le Roi, la Reine, les Princesses et les Dames de la cour, qui venaient d'apprendre la catastrophe, fut déchirante.

Dans ce jour sanglant, au sein des larmes et du désespoir, Louis-Philippe se fit consolateur; il grandit de cent coudées; il rehaussa la royauté, en effaçant derrière elle l'homme et le père de famille.

Les assassins venaient de monter à l'échafaud, et nos armes victorieuses en Afrique, au prix de tant de sacrifices et de tant de combats, arrêtaient la calomnie des partis dont la rage insensée osait soutenir que la royauté qui exposait là-bas ses fils aux balles arabes, tandis qu'ici elle offrait sa poitrine aux balles de lâches fanatiques, avait promis d'abandonner notre belle colonie et de céder en cela aux exigences de l'Angleterre.

La politique de Louis-Philippe avait de plus en plus l'assentiment du pays; le gouvernement, consolidé au dedans comme au dehors, maintenait et développait des institutions qui seules peuvent faire la sécurité et le bonheur de la France. Des lois nécessaires, répressives de la licence effrénée d'une certaine presse, dont l'audace intronisait pouvoir contre pouvoir, et dont les vœux non équivoques encourageaient à la guerre civile et au renversement du trône de juillet, avaient été votées, et cerclaient dans des bornes étroites les bonds frénétiques du monstre républicain. Les honnêtes gens regardaient Fieschi comme le dernier des régicides, lorsque, le 25 juin 1836, un jeune homme, nommé Louis Alibaud, introduisit dans la voiture du Roi, qui sortait des Tuileries, une canne-fusil, et l'appuyant sur la portière, la déchargea sur Sa Majesté. La bourre s'égara dans les cheveux de Louis-Philippe. Cette fois-ci encore le Roi était sain et sauf. L'assassin s'applaudit de son crime et regretta de n'avoir pu accomplir son projet. Il mourut avec intrépidité, avec une fierté incroyable, d'après je ne sais quelles doctrines perverses dont on l'avait imbu dans des clubs ténébreux, élevant le régicide à la hauteur d'un dévouement civil, d'un héroïsme humanitaire!

A peine l'échauffourée de Strasbourg était-elle réprimée, que le Roi échappait à un nouvel assassinat, lors de la session de 1837. Le meurtrier avait tiré de loin sur le Roi; cependant la balle avait traversé la voiture, et les fragmens d'une des glaces avaient légèrement blessé le duc d'Orléans et le duc de Nemours.

Meunier (c'était le nom du régicide) fut condamné à mort par la Cour des Pairs. L'assassin, qui n'était qu'une sorte d'enfant faible et inintelligent, exploité par quelques misérables, se repentit et se pourvut en grâce auprès de Sa Majesté. Sa vieille mère alla se précipiter aux pieds de la Reine et s'y roula. « J'ai commué sa peine, lui dit le Roi, témoin du désespoir de cette mère : votre fils s'est repenti; je veux qu'il vive; je n'ai pas attendu son pourvoi pour lui faire grâce. » Et il releva lui-même cette pauvre femme, qui embrassait en sanglottant les genoux de la Reine, et il accorda à son assassin une somme assez forte pour son passage de France aux États-Unis!

Une telle clémence de la part d'un Roi est belle comme celle de Dieu!

A cet acte de clémence s'en joignit bientôt un autre plus large et plus éclatant. L'amnistie générale de 1838 ouvrit les portes des prisons à tous les condamnés politiques. La miséricorde du trône, calomniée avec tant de haine et de persistance inouie, descendit sur les chefs et les soldats des insurrections criminelles qui avaient failli, à diverses reprises, bouleverser Paris et l'Europe, et noyer la Capitale dans des flots de sang innocent.

Eh bien, ce pardon descendu sur les émeutiers a trouvé leur cœur froid et ingrat. En 1840, ils ont recommencé dans nos rues l'orgie révolutionnaire, et leurs projets anarchiques sont demeurés impuissans, alors comme toujours. Le gouvernement de Louis-Philippe a fini par comprendre qu'il avait affaire à des fanatiques atteints de la monomanie de l'insurrection, et il s'est vu forcé de prendre des mesures qui assurâssent, dans des conjonctures données, son repos et celui des citoyens honnêtes. Depuis quatre ans, la faction ultrà-républicaine connaît ces mesures, et quoiqu'elle ne soit pas dissoute, elle se tait; elle a peur d'agir.

Les journaux qui, sans en représenter tous les principes violens, perturbateurs, voilent, sous le nom de presse démocrate, des arrière-pensées de révolte, ont, à l'exception d'un seul, le plus sérieux, au reste, du parti[1], quoique la déclamation éloquente remplace souvent dans ses colonnes la bonne foi et la raison, ces journaux ont incriminé à l'envi le vote national et la mise à exécution des fortifications de Paris;

[1] *Le National.*

il n'est pas de suppositions odieuses qu'ils n'aient dirigées à ce sujet contre la royauté constitutionnelle. Vainement vous leur direz avec un publiciste distingué[1] : « Paris » est non-seulement la tête et le cœur de la France, mais sa principale ressource. » Paris est le centre des lumières, et imprime à toute la France la direction qu'elle » doit suivre. Là résident le gouvernement et les administrations supérieures. Paris est » encore le dépôt central des arts, des sciences, des banques et de toutes les richesses » publiques et particulières. Que toutes les communications avec la Capitale soient » fermées pendant quelques jours, aussitôt la France est inerte, incertaine ou en » tumulte ; elle se meut sans direction, sans ensemble, et devient incapable de se » gouverner, partant, de se défendre. »

Vainement vous leur rappellerez les calamités de 1814 et de 1815 ; vainement vous leur objecterez que le projet de fortifier Paris date de loin et de haut, que c'était la pensée de l'illustre Vauban et celle de Napoléon, que la république et la restauration y avaient songé ; que les hommes les plus recommandables du pays par leurs lumières et leur expérience, exception faite des opinions politiques, y ont adhéré. Ils vous répondront que le pouvoir ici n'a qu'un but de despotisme militaire, un rêve de mitraillade, et que l'érection des fortifications est faite contre Paris et non pour la sauvegarde de Paris.

Voilà comment la presse opposante sur ce point et sur tant d'autres des plus importans, pervertit l'esprit des masses ; et le gouvernement qui vit de sa propre force, pourtant, la laisse chaque matin lui vomir ses injures stéréotypées[2].

Lorsqu'à la fin de 1844, c'est-à-dire après quatorze années d'une royauté laborieuse, que des factions indomptables ont agitée sans pouvoir l'abattre, nous écrivons ces lignes, il nous reste à enregistrer un fait consolant pour le Roi Louis-Philippe et sa dynastie : c'est que le trône de juillet s'est affermi de plus en plus dans le pays, dont il a conquis les sympathies inaliénables. La presse républicaine et communiste peut s'escrimer dans le vide et déblatérer à l'aise : ses criailleries insolentes, ses diatribes envenimées et ses songes creux la déconsidèrent et meurent sans écho. Le trône de juillet a pour base solide les intérêts les plus chers de la bourgeoisie et du peuple travailleur qui veulent l'ordre et la paix. Protégé par les lois constitutionnelles, le commerce s'agrandit et prospère : l'industrie, qui signale entre tous le règne de Louis-Philippe, a pris un essor immense. Les arts reconnaissent avec gratitude son patronage souverain. Les merveilleuses galeries de peinture de Versailles parlent plus haut que tous les éloges. Paris s'accroît, s'assainit et s'embellit chaque jour. Les vieux édifices sont réparés et augmentés ; de nouveaux s'élèvent partout comme par enchantement magique.

[1] *M. Milleret*, ancien député.

[2] Louis-Philippe nourrissait la pensée des fortifications de Paris depuis plus de cinquante ans. Il a souvent répété a Dumouriez : « Je ne mourrai heureux que lorsque je verrai Paris bien fortifié. » Et certes, dès lors, il ne pouvait guère espérer qu'il monterait un jour sur le trône de France.

Les hommes éminens et dévoués qui siégent dans les deux Chambres et assistent aux conseils du Roi, les Guizot, les Soult, les Montalivet, les Villemain, les Cousin, les Dupin, les Salvandy, et tant d'autres, sont non-seulement des hommes politiques remarquables, mais de grands philosophes, des écrivains hors ligne, des publicistes et des juriconsultes profonds, dont le dix-neuvième siècle savant et littéraire gardera les noms.

Si Louis-Philippe est un grand Roi, jamais un père n'a eu dans sa famille plus de bonheurs, hélas ! deux fois trop chèrement expiés ! Les Princes royaux, les frères de l'infortuné duc d'Orléans, sont dignes d'un tel père. L'Afrique et le Maroc le savent. Le duc de Nemours, qui est doué des plus précieuses facultés, se prépare dans une étude constante à la haute mission de la régence.

A l'extérieur, la royauté constitutionnelle de la France est respectée plus que jamais. Notre alliance avec l'Angleterre, nécessaire au repos du monde, vient encore d'être resserrée par le voyage de Windsor, qu'a si impertinemment attaqué un journalisme niais et en désarroi.

En résumé, les factions affaiblies et désespérées ont perdu toute influence morale et politique. Leur défaite est flagrante. Louis-Philippe a cimenté l'œuvre nationale de 1830 : puisse-t-il longtemps encore la soutenir, en attendant que sa dynastie la continue et l'achève !

IV

L'HOMME PRIVÉ.

L'enfant et l'adolescent contiennent en germe l'homme mûr. Les fruits de celui-ci sont annoncés par les fleurs, c'est-à-dire par les espérances de ceux-là. Or, laissant de côté le Prince et le Roi, étudions l'homme depuis ses jeunes années jusqu'à ce jour. Oublions le rang élevé, les grandeurs et le trône. Racontons purement et simplement les actes.

Le duc de Chartres [1], tout petit encore, et c'est sa gouvernante qui nous l'apprend [2], distribuait en bonnes œuvres presque tout l'argent qu'il recevait pour ses menus plaisirs. Il avait mis en commun avec les deux Princes, ses frères, tout son pécule. Le duc de Chartres avait adopté un paysan, qui s'appelait Augustin, et qui était dévoré par une plaie regardée comme incurable. Il était question de couper le bras à ce malheureux, lorsque le Duc, qui se connaissait en chirurgie, lui envoya à ses frais un habile opérateur, M. Bras-d'or, qui le guérit sans amputation.

Dans le même temps, un paralytique infirme vivait des dons des trois Princes qui se cachaient pour faire le bien.

Nous lisons, dans les mémoires de Madame de Genlis, en toutes lettres : « Sans aucune inspiration de personne, directe ou indirecte, M. de Chartres a donné, il y a trois jours, en secret, à Delisle, tout l'argent qu'il avait pour sauver un prisonnier. »

Sa libéralité était si grande qu'elle épuisait vite toutes ses ressources. Un jour, il trouve un homme dénué des premières nécessités de la vie : la bourse du Duc était vide ; il a recours à sa gouvernante par l'entremise de M. Lebrun, ce qui le contraria vivement, puisque cette démarche le forçait d'avouer la bonne action qu'il voulait faire. Ne pouvant subvenir à toutes les misères qui l'entouraient et qui s'adressaient à son cœur, il lui fallut recourir enfin à un aveu qui lui coûtait.

[1] Lorsqu'il reçut ce titre, après la mort de son grand-père, il s'écria : « Il y a là deux malheurs pour moi : la perte de mon grand-père et le rang où je monte ; j'ai peur en m'élevant d'être moins heureux. »

[2] *Leçons d'une Gouvernante à ses élèves.*

« Je me priverai de mes menus plaisirs, dit-il à sa gouvernante, jusqu'à la fin de » mon éducation, et j'en consacrerai l'argent à la bienfaisance. Tous les premiers du » mois nous en déciderons l'emploi. Je vous prie d'en recevoir ma parole d'honneur » la plus sacrée. Je préférerais que ceci fût de vous à moi ; mais vous savez bien que » tous mes secrets sont et seront toujours les vôtres. »

Les sommes d'argent que le duc de Chartres dépensa ainsi montent à un chiffre énorme.

Mais s'il était généreux, il était patriote.

Madame de Genlis nous dit quelque part, qu'un jour il lut avec indignation un article furieux dirigé contre le peuple, qui était appelé bête féroce par un pamphlétaire anonyme. Le duc de Chartres saisit la plume et répondit avec une vigueur de réfutation remarquable.

Le jeune Prince habita pendant quelque temps le château de Saint-Leu avec ses frères [1]. Voici une anecdote que raconte à ce sujet Madame de Genlis :

« La veille de notre départ, en traversant un village, à quatre lieues du château, » tous les paysans, à la vue du cordon bleu [2] de M. le duc de Chartres, poussèrent » des cris affreux et des hurlemens horribles.

» Les Princes continuèrent leur chemin au galop, fort surpris de cette étrange » fureur. Un moment après, ils virent accourir cette multitude armée de bâtons, de » faux, continuant ses cris et ses imprécations. Ils poursuivirent leur chemin. » Bientôt ils eussent été hors de toute atteinte, lorsqu'ils entendirent ces mots : » Misérables, vous avez beau fuir, nous vous attraperons ! A ce mot de *fuir*, ils » s'arrêtèrent. Puisqu'on nous accuse de fuir, dirent-ils, nous ne continuerons pas » notre route. Ils envoyèrent vers cette multitude furieuse un de leurs gens, pour » demander pourquoi ils voulaient tuer le duc de Chartres. A ce nom, ils furent » surpris, et dirent qu'ils l'avaient pris pour un autre, et le comblèrent de béné- » dictions. »

Ce fait ne démontre-t-il pas sans réplique que le jeune duc de Chartres était dès lors le bienfaiteur du peuple?

Passons.

En **1788**, il visita le Havre, la Normandie et le mont Saint-Michel. On sait que la forteresse du mont Saint-Michel renfermait une cage de fer dans laquelle Louis XIV, par un vestige de barbarie indigne de son époque, renferma un infortuné gazetier de Hollande, en raison d'un article violent qui l'avait blessé au cœur.

Résumons la narration de Madame de Genlis.

Le prieur du mont Saint-Michel montra aux Princes et à Mademoiselle Adélaïde

[1] Lorsque la premiere revolution eut aboli le droit d'aînesse, le Duc de Chartres sauta au cou du Duc de Montpensier, en lui disant : « Je suis enchanté; nous voici maintenant tous égaux, mon frère! »

[2] Les premiers mille écus, revenant de son cordon bleu, furent partagés entre les frères et la sœur du Duc de Chartres, et dépensés en aumônes.

qui les accompagnait, cette fameuse cage de fer historique. Le Duc fut vivemen émotionné à l'aspect de cet instrument de cruauté, et quoiqu'on lui eût assuré que depuis quinze ans aucun captif n'y avait été enfermé, il témoigna une grande indignation en apprenant que parfois on y jetait, pour vingt-quatre heures, les prisonniers récalcitrans.

— Au reste, Prince, lui dit le prieur, j'ai le droit de détruire ce monument de barbarie. — Pourquoi pas à l'instant? s'écria le Duc. — Et bien, j'y consens; ce sera pour demain matin.

Le lendemain, deux charpentiers furent requis à cet effet. Les prisonniers assistèrent à cette œuvre, et le duc de Chartres asséna avec vigueur sur la cage les premiers coups de hache. Les captifs poussaient des cris de joie et se livraient à des acclamations sans nombre. Un seul témoin paraissait chagrin; c'était le gardien.

— Qu'avez-vous, mon brave? dit le Duc.

— Prince, je montrais cette cage aux étrangers; elle était mon gagne-pain.

— Tenez, voici dix louis; désormais vous désignerez la place qu'elle occupait, et on s'applaudira, pourvu qu'on ait du cœur, de sa destruction.

En 1791, le duc de Chartres était à Vendôme avec son régiment, le 14ᵉ dragons, dont il était colonel-propriétaire. Il arracha à une mort certaine un des honorables citoyens de cette ville, M. Siret, ingénieur, qui se noyait. L'intrépidité du Duc faillit lui être funeste : le courant rapide entraînait la victime et son libérateur, lorsqu'un nègre du duc de Chartres, Édouard, vola au secours de son maître, et l'aida à sauver M. Siret, père de cinq jeunes enfans [1].

Dans la même année et toujours à Vendôme, lui seul avait arrêté la rage d'une foule ameutée qui se disposait à mettre en lambeaux deux ecclésiastiques non assermentés, ayant témérairement et publiquement injurié un vicaire qui portait le saint Sacrement. En vain un homme du peuple se précipita-t-il, une arme à la main, contre l'un de ces ecclésiastiques. Le duc de Chartres le défendit de son corps, en s'écriant : « Vous aurez ma vie avant celle de ce prêtre! » Cette énergique fermeté imposa, et les deux prêtres furent épargnés.

Les belles actions du duc de Chartres furent solennellement proclamées et récompensées par les Vendômois. La municipalité de cette ville les consigna dans un procès-verbal qui fut nommé la *Couronne civique de Vendôme.*

L'heureuse Duchesse d'Orléans, la Reine des Français d'aujourd'hui, reçut cette couronne en 1814, et elle la conserve précieusement, ainsi que les honorables certificats qui furent délivrés au Duc, portant alors le pseudonyme de Chabaud, pour ses bons services et sa conduite irréprochable au collége de Reichenau. De tels héritages de vraie noblesse et de vertu valent mieux, par le temps qui court, que ceux des trônes!

[1] *Moniteur* du 11 août 1791.

Si nous avions à relater tous les traits de bienfaisance, de courage et de dévouement du duc de Chartres, du duc d'Orléans et du Roi des Français, nous publierions des volumes : nous ne le ferons pas. Il est des aumônes et des actes de générosité qui doivent rester dans l'ombre ; car ils perdraient de leur prix à paraître au grand jour. Ici nous devons nous borner.

Sous la restauration, un des secrétaires du duc d'Orléans lui demanda cinq cents francs pour un homme de lettres dans l'indigence. Le Duc, qui dans ce moment songeait à une nouvelle politique, détourna son esprit de l'objet de la demande, et tout à coup, on vient lui annoncer qu'il est attendu au Conseil.

« A propos, dit-il, vous m'avez demandé mille francs pour un homme de lettres réduit à la misère !

— Mille francs, Monseigneur ! c'est une erreur qui sera profitable au malheureux publiciste.

— Très-bien, mon ami ; les erreurs des Princes coûtent si cher, que je ne suis pas fâché que la mienne soit utile à votre protégé. » Et le billet de mille francs fut donné.

Citons encore, entre plusieurs, cette anecdote, dans laquelle le Roi des Français joue le premier rôle, et qui se trouve dans l'histoire de bien peu de rois :

C'était en 1833. Le Roi, la Reine, les Princes et les Princesses de leur famille allaient au Bourget, pour y attendre le Roi et la Reine des Belges. Un courrier de poste, nommé Vernet (c'est le même qui, le 20 mars, avait annoncé l'arrivée de Napoléon), passait auprès de la voiture de Sa Majesté qui l'appelle ; la selle tourne ; les chevaux des autres courriers partent au galop, et la voiture lui passe sur le corps. Le malheureux Vernet resta gisant sur le sol. Le duc d'Orléans le soutenait. Le Roi s'avança : « Il faut le saigner ! s'écria-t-il ; qui le saignera ? » Personne ne se présentant, il fit lui-même l'office de chirurgien et s'en acquitta à merveille. « J'ai fait des saignées dans ma jeunesse, disait-il, je dois m'en souvenir. Du linge ! » Les Princesses, à cet ordre du Roi, avaient offert leurs mouchoirs qu'il déchira et avec lesquels il banda le bras du blessé.

La société Monthyon et Franklin récompensa avec solennité, comme l'avait fait précédemment la municipalité de Vendôme, ce grand acte d'humanité du Roi des Français, en lui envoyant une médaille d'or, qu'il accepta, le 29 octobre 1833.

M. Jarry de Mancy eut l'honneur de joindre à cet envoi une lettre remplie de sages considérations, où l'on distingue les passages suivans :

« Informé du secours d'humanité que Votre Majesté a eu le bonheur de porter à » l'un de ses hommes de service, ce n'est pas, dans ce fait, le Roi que notre société » considère ; c'est le Prince, préparé dès sa jeunesse à pouvoir secourir un malheu- » reux en péril de mort. En effet, ce n'est pas encore l'action en elle-même que » notre société aurait jugée si digne d'attention ; car tout homme de cœur, en pa- » reille circonstance, aurait voulu savoir et pouvoir faire autant qu'a fait le Roi.

» Mais personne n'ignore que dans les hautes classes de notre civilisation moderne, » il n'arrive presque jamais que l'éducation soit dirigée de telle manière qu'en » l'absence du praticien, à l'heure du danger, un grand puisse sauver un homme. »

Eh bien! croirait-on qu'il s'est rencontré un vil pamphlétaire légitimiste qui a voulu salir de sa bave la science et l'humanité royales?

La fermeté du courage et la bonté, voilà les deux qualités dominantes de l'homme dans Louis-Philippe. C'est presque avec un air serein qu'il a affronté tant de fois les balles des assassins. Au Tréport, il y a quelques années, une violente tempête assaillit soudain le bâtiment qu'il montait. Les Princesses et les personnes de sa suite étaient pâles de terreur : lui, conserva tout son sang-froid, au milieu de l'angoisse générale. Sa physionomie semblait dire aux matelots le *quid times* héroïque de César. On l'a vu à Paris, après la revolution de juillet, pousser son cheval dans des groupes séditieux qui le menaçaient à haute voix, et sa présence intrépide, comme celle du personnage dont parle Virgile, apaisait aussitôt les troubles, et le respect enchaînait la rébellion.

Un jour, un chef de la garde nationale se présenta aux Tuileries avec des habits quelque peu maculés de boue. Les personnes de la cour remarquaient cette inconvenance : « Ah! s'écria Louis-Philippe, ne le blâmez point; il est plus heureux que » moi; il peut, lui, aller à pied dans Paris, où bon lui semble! »

Avant de terminer, nous ne pouvons passer sous silence, au risque de déchirer de nouveau les entrailles du père, son admirable conduite, lors de la catastrophe du 13 juillet 1842.

Il était là, en face de ce pauvre grabat sur lequel gisait, dans les convulsions de l'agonie, l'espérance de toute sa vie, ce Prince royal si regrettable, qu'il préparait par toutes les vertus, par tous les nobles exemples, à porter dignement le plus éclatant sceptre du monde! Il était là, le vieux et grand Roi, le père sensible et brisé, debout, calme, dans une immobilité majestueuse qui s'élevait au-dessus de l'humanité. Jamais cette tête auguste, sur laquelle avaient pesé tant d'infortunes, cette tête penchée, résignée et méditative, et qui ne laissait rien apparaître, au milieu des cris navrans qui l'entouraient, malgré l'assaut des douleurs dévorantes, n'avait paru, pour ainsi dire, auréolée de tant de grandeurs! Mais la nature humaine a des limites : le Roi avait fait son devoir jusqu'à l'héroïsme; le père eut son tour, et lorsque le cadavre, chaud encore du duc d'Orléans, eut été exposé dans un caveau de la chapelle de Neuilly, ce père, si inopinément foudroyé dans l'héritier du trône, s'y cloîtra pendant quelques heures, et loin des regards publics, s'agenouilla, s'abîma dans son malheur irréparable, se livra à des sanglots indicibles, et versa devant Dieu et la dépouille mortelle de son fils aîné, tous les désespoirs de son âme!

Maintenant pénétrons quelque peu dans les mystères de la vie intime.

Jamais cour de France n'a été, par le passé, d'une simplicité et d'une rigidité de mœurs aussi frappantes : les plus haineux adversaires de la royauté de Louis-

Philippe l'avouent. La corruption et la courtisanerie effrontée des anciennes cours ont fait place à une régularité de vie, à une politesse sans effort, à une urbanité, à une douce effusion d'idées et de sentimens, dont on n'a aucun pendant dans l'histoire des familles royales. L'hôte auguste des Tuileries a modelé son illustre entourage sur lui-même ; l'affection la plus profonde règne entre tous les membres. Princes et Princesses s'aiment franchement, cordialement : plus d'ambitions cachées et souvent mortelles, de jalousies atroces, qui ont fait des cours une école de vices et de crimes.

S. M. Marie-Amélie est le type parfait des Reines chrétiennes, dont la vie a été consacrée à embellir les jours du Roi et à élever ses enfans, d'après les préceptes d'une saine et excellente morale. Une indissoluble amitié, fortifiée pendant soixante ans, plutôt encore par les leçons de l'infortune que par le partage des mêmes grandeurs, unit le Roi à sa noble sœur, Madame Adélaïde d'Orléans, dans le cœur et l'esprit de laquelle Sa Majesté puise de fécondes consolations, et aussi, au besoin, des conseils pleins de sagesse.

L'intéressante Princesse douairière, S. A. R. la duchesse Hélène d'Orléans, mère du Roi futur des Français, sur le front de laquelle un impitoyable sort a si précocement mêlé un crêpe de deuil à la couronne étincelante de l'hyménée, élève, sous les yeux paternels de Louis-Philippe, le jeune comte de Paris, le second Marcellus de cette royale famille.

La vieillesse du Roi est réjouie des airs enfantins et des sourires de son petit-fils, et de l'avenir déjà conquis des Princes, ses fils, à force d'études solides, de périls et de gloire !

Finissons par quelques détails curieux sur les habitudes et les goûts de S. M. Louis-Philippe Ier.

Tous les matins, le Roi se lève à huit heures. Après avoir lu ses lettres et terminé les affaires les plus pressées de la journée, — il met une heure à cette occupation, — Louis-Philippe passe dans son cabinet de toilette, où il se rase lui-même, et pousse, dit-on, jusqu'à la coquetterie, le soin de ses dents, qui sont régulières et blanches au possible. Pendant sa toilette, il se complaît à écouter les conversations animées et joyeuses de la Reine, des Princes et des Princesses : il aime à jeter au travers, des mots heureux, de spirituelles saillies, qu'il amène et fait naître lui-même fort gaiement. Le Roi est communicatif et recherche la fine plaisanterie. A dix heures, il déjeune très-sobrement ; puis il donne, pour ainsi dire, pendant quelque temps la démission de sa royauté, dont l'étiquette constante l'importune. Il retombe avec bonheur dans la vie commune, revêt l'habit bourgeois, et va visiter, sans apparat, avec une simplicité charmante, les ouvrages de maçonnerie des Tuileries ou des divers châteaux qu'il habite tour à tour. Il s'entretient familièrement avec les ouvriers, s'enquiert de la besogne faite ou à faire, donne ses avis sur l'architecture avec une justesse et une clarté qui parfois surprennent. Il agit de même avec les artistes chargés de décorer Versailles. Il parcourt avec eux les galeries; il les interroge; il juge avec supériorité la valeur des tableaux; il parle savamment dessin, couleur et perspective; il sème ses conversations de railleries piquantes, d'aperçus ingénieux : sa mémoire est riche, et il raconte très-bien ce qu'il a vu. Il termine à une heure ses promenades favorites pour présider le conseil des ministres, où il ne manque jamais. Il paraît que Sa Majesté, tout en écoutant et en appréciant les délibérations des ministres où son bon sens exquis et sa vaste expérience ont un poids infini, dessine à la plume, comme par mégarde, une foule de croquis grotesques et fantastiques, qu'il néglige l'instant d'après sur la table, et qui sont un trésor hors de prix pour les albums des dames de la cour.

Après le conseil, il visite de nouveau les Tuileries et le Louvre. Quand est venue l'heure du dîner, la Reine s'assied seule à table avec ses enfans, sa belle-sœur et les invités. Le Roi n'arrive qu'à la fin.

Il a choisi ce moment pour lire le fatras des déclamations politiques de la presse quotidienne.

Il était le premier à rire du meilleur cœur du monde des caricatures que les petits journaux faisaient, il y a quelques années, sur sa personne. Le *Charivari* l'amusait beaucoup.

Après un dîner d'ordinaire très-frugal, il va retrouver la Reine au salon, et il reçoit les personnes présentées. Si pour Louis-Philippe la journée a été bonne, c'est-à-dire, s'il a été content des travaux en exécution, car il tient à ce que, autour de lui, on s'acquitte rigoureusement des devoirs imposés, sa physionomie reflète une joie intérieure qui plaît et attire; il devient d'une gaieté souvent pétillante, ce qui ne l'empêche nullement de suivre les conversations entamées, de les nourrir de réflexions judicieuses, et d'entretenir vivement les nobles étrangers admis auprès de sa personne, dans leur langue naturelle; de sorte qu'il n'est pas rare que dans une même soirée le Roi ne parle trois ou quatre idiômes.

A dix heures, il rentre dans ses appartemens, et travaille parfois jusqu'à deux ou trois heures du matin.

Il est avéré, et les journaux en ont déjà fait mention, que le Roi, pendant ces longues heures de veilles solitaires, se rend compte de toutes les pièces livrées à sa signature, et qu'il les étudie avec une exactitude scrupuleuse. Son attention est surtout religieusement surexcitée par les pièces relatives à la cour d'assises, et qui relatent des condamnations à mort. Il est heureux quand il peut user de sa prérogative divine, du droit de grâce ou de commutation de la peine capitale. Il ne tombe pas en France une tête d'assassin sous le couteau des lois, qu'il n'ait scruté à fond les actes de l'inculpé et le jugement qui le condamne.

Quels sont les Rois du passé qui, chaque nuit, se soient dérobé au sommeil pour faire un usage aussi noble de la couronne?

Quand il n'est pas trop tard, le Roi va dans les appartemens de Marie-Amélie, ou bien, parfois, il sonne un valet de chambre, qui lui dresse sans façon un lit de camp sur lequel il dort un instant après, comme un simple factionnaire qui vient d'être relevé de sa garde! Son repos est paisible, car, avant de fermer les yeux, il il a pu se dire, plus heureux que Titus : « Je n'ai pas perdu ma journée! »

A côté du Roi, voilà l'homme dont nous ne pouvons accuser le profil qu'au courant de la plume! Voilà celui contre lequel tant d'infernales passions sont venues se heurter et se briser, dont tant de balles, préparées par des mains immondes, ont cherché le chemin du cœur! Voilà l'homme de la vie privée!

Nous avons esquissé le Prince, aussi généreux pour les misères d'autrui que bon et tendre pour les siens, le Prince exilé, toujours Français, brave et ferme, laissant entrevoir le Roi qui n'a fait que grandir au rang suprême!

Un mot encore. Au moment où nous traçons ces lignes, à la fin de 1844, le ciel, qui a l'œil ouvert sur les maux que la France a éprouvés depuis soixante années, n'a pas voulu que les longues traverses de l'existence de Louis-Philippe aient pu altérer une santé si précieuse. Sa robuste constitution et un régime sévère ont fait le reste. Le Roi est un des hommes de son âge qui se portent le mieux du royaume. Si les factions sont iniques, la Providence est juste!

Espérons que Louis-Philippe Ier, Roi des Français, vivra encore assez de temps pour voir assis sur des bases de plus en plus immuables le trône national qu'il a fondé, pour être le glorieux témoin de l'application complète de son système de pacification européenne, et enfin pour contempler, dans tout l'éclat de son triomphe, les dernières lueurs de ce républicanisme, gros d'anarchie sanglante, lesquelles s'éteignent et meurent de jour en jour avec les incendiaires impuissans qui cherchent criminellement à les rallumer!

www.ingramcontent.com/pod-product-compliance
Lightning Source LLC
Chambersburg PA
CBHW061641060726
47597CB00005B/2003